「仕事が速い人」と「仕事が遅い人」の習慣

仕事に追われるダメビジネスマンだった私が
働きながら国家試験に合格できた理由

山本憲明
yamamoto noriaki

はじめに

私は非常に平凡な人生を送ってきました。

大学を1年留年してしまうと、世の中はバブルがはじけてしまい、就職戦線が非常に厳しくなりました。そんな中、普通に就職活動を行い、なんとか1社だけ内定をいただいたのです。

その会社でも、極々平凡な社員。

仕事にもあまり興味が持てず、仕事は遅い。

そのくせ自分の意見を上司に主張するなどして、扱いにくい社員だったのではないかと思います。

出世は早々とあきらめ、「早く辞めたい」などと思う日々。

その中で、資格試験をとって独立することを考えました。

資格試験をとるためには、仕事を速く終わらせて、学校に通わなければならない。そこから、私の「仕事が速い人」になるための戦いがはじまりました。

「仕事が速い人」になるためにはどうすればいいか、ということを日々考え続け、それを実行していったのです。

その結果、仕事を速く進めることができ、定時退社も可能に。学校に通うこともできて、気象予報士試験や税理士試験の合格につながりました。

独立してからも、「仕事が速い人」になるためのメソッドを開発し続け、実行してきました。そのおかげで、貯金もないほぼゼロからスタートした独立起業もうまくいき、家族とほぼ不自由なく暮らしていくことができています。

その「仕事が速い人」になるためのメソッドには、副次的な効果もありました。メソッドを試験に流用することで、「試験の問題を解くのが（正確に）速い人」にもなることができたのです。

独立してから受験した中小企業診断士も1回の受験で合格することができました。

もともと平凡で、仕事が遅い人間だったことからもわかるように、私自身は本当に、今でもごくごく平凡な人間です。才能なんてありません。

それが何とかうまくやっていけているのは、「仕事が速い人」になるメソッドを開発し、それを習慣にしてきたからです。

本書では、その「仕事が速い人」になる習慣を余すところなく、すべて絞り出すようにご紹介していきます。

「仕事が速い人」になれば、ただ仕事を速くこなすことができるようになるだけではなく、私のように試験に合格することができたり、時間の余裕を利用して新しいことや自分のやりたいことをはじめたりすることも可能です。

本書によってぜひあなたも、仕事が速い人になり、プライベートも充実させていってください。

なお本書では、「仕事が〝速い〟人」という表現を主に使っていますが、〝はやい〟には、〝速い〟と〝早い〟があり、「仕事がはやい人」という言葉は、そのどちらの意味も持っていると私は考えています。仕事を〝速く〟こなして、〝早く〟何かをする、という意味でとらえていただければと思います。

山本　憲明

○もくじ　「仕事が速い人」と「仕事が遅い人」の習慣

第2章 ▼▼▼ 日常生活編

第3章 ▼▼▼ 考え方・姿勢編

第4章 スケジュール管理編

第5章 ▼▼▼ 仕事攻略編

第6章 自己研鑽編

第7章 ▼▼▼ コミュニケーション編

○カバーデザイン　ＯＡＫ　辻　佳江

第1章

仕事環境編

01

仕事が速い人はどんどん「モノ」を捨て、仕事が遅い人は「モノ」を大事にする。

あなたはモノを大事にしていますか?それともすぐに捨ててしまいますか?

戦争によって多くのモノを失った日本人は、それをとり戻そうと必死に頑張り、高度経済成長を経て、モノをたくさん獲得してきました。その結果として、現代の日本は、いたるところでいろんなモノがあふれかえっています。

ここ数年、「断捨離」や「片づけ」ブームが起き、「捨てる」ことが重要視されるようになりました。しかし、まだまだ私たちの周りにはモノがあふれ、それを捨ててスッキリしていくことは難しい、という状況が続いています。

モノが多いことによる仕事への影響は、とにかく大きい。

まず、「探す時間が多くかかってしまう」ということです。

「探し物は何ですか？」と鼻歌を口ずさみながらいつも何かを探している人は、結構いるのではないかと思います。ある調査の結果では、**人は1日に平均して10分間、探し物をしている**と言います。これは私たちの生活に当てはめてみると、あながちウソではなさそうです。

私も、自分の1日を振り返ると、探し物をそれくらいはしていそうな感じがします。探し物といっても、本当のモノだけでなく、パソコンの中のファイルなども加味すると、それ以上の時間を費やしているかもしれませんね。

例えば1日10分間、探し物をするとなると、1週間で約1時間、1カ月で4〜5時間、**年間だと50時間以上（まる2日以上）は探し物をしている**計算になります。1年に2日もつぶれてしまう。そう考えると、「探し物をする時間、もったいないな」と感じませんか。

探し物の時間をなくすことができれば、それだけ仕事が速く進みます。

また、探し物を見つけたら、そのあと二度と探すことのないように整理しておくことが重要です。

先ほども例にあげた「パソコンの中のファイル」も減らしてきちんと整理できていれば、

それだけで「仕事が速い人」になれるはずです。

「仕事が速い人」になりたければ、とにかく、「モノを減らす」ことに意識を常に傾けるようにしてください。その意識が途切れたとたんに、モノは自然に増えてしまいます。

私もご多分に漏れず、モノに囲まれた生活を送っていました。事務所にも自宅にも、夥《おびただ》しい量のモノがあふれており、それを処分するのにとても時間がかかっていたのです。

2012年に、事務所を移転したのですが、その移転の目的のひとつとして、「モノを減らすこと」というものがありました。とにかく、同じ事務所にいたら、モノが増える一方。しかも事務所は狭いし、このままでは集中して仕事ができないと考えたのです。それで、無理やり引っ越しをして、そのときにたくさんのモノを捨てました。その結果、事務所の部屋はものすごくスッキリして、仕事も本当に捗るようになりました。

また、私は**「ペーパレス」をどんどん推進**していて、紙をなくす努力をしています。

仕事場において一番多くなるのは、もしかしたら紙なのではないでしょうか?その紙をなくすことができたら、モノを劇的に減らすことに成功するはずです。だから、紙で保管していた書類をなるべく多くスキャンして、ＰＤＦのファイルに換える作業を毎日少しずつ行っています。

また、「モノ」を減らそうと決めてから、買い物をあまりしなくなりました。買い物をすると、どうしてもモノが増えてしまいます。意識して買い物の回数などを減らすことで、モノを少しずつ減らしていっています。

「仕事が遅い人」は、何も考えずにモノをどんどん増やしてしまい、モノにとり囲まれて仕事をしている人が多いのではないかと思います。それだと探し物の時間もかかるし、目に見えてしまうモノに気をとられて集中することができない、なんてことも起こります。

私は仕事柄いろいろなオフィスに伺いますが、仕事で実績を出したり、仕事が速かったりする人は、たいがいとてもスッキリしたデスクで仕事をしています。

「仕事が速い人」になるために、モノを減らしていく。これは非常に重要なことです。

01

仕事が速い人は、常に整理・整頓された環境で作業する！

02

仕事が速い人はインターネットから逃げ、仕事が遅い人はインターネットに近づく。

パソコンやスマホ、インターネットがものすごく発達した現代の社会において、新たな問題が発生していることは間違いありません。

それは、「ネット、スマホ依存」という『病気』のことです。

大げさに書いているように感じるかもしれませんが、私は間違いなく「病気」だととらえています。この依存症を退治しなければ、「仕事が速い人」も、効率が悪くなって「仕事が遅い人」に成り下がってしまうでしょう。

インターネット、スマホなどは、とにかく吸引力が強い。やろうと思えば、いくらでも続けることができます。これを読んでいるあなたも、納得していただけるのではないでしょうか。

インターネットを見ていると、関連することがどんどん出てきて、止まらなくなります。

例えばYouTubeなどで動画を見ると、右側に関連する動画（それも、とても魅力的な動画です）の候補がたくさん現れます。その関連する動画を見ると、また別の関連する動画が現れ……ということで、油断していると、ずっと動画を見てしまうことにもなりかねません。

インターネットの世界では技術が進歩してしまい、人間の心理をよく考えた仕組みがそこかしこに施されています。それに乗ってしまったら、なかなかリアル世界に戻ってくることができなくなってしまうのです。

かくいう私も、実はネット依存症であることは間違いありません。

仕事を集中してやるように意識していますので、ほとんどインターネットにかかりきりになることはありませんが、たまに夜の気が抜けているときに、インターネットにはまってしまうことがあります（というより、「まあいいか」とわざとはまっている感じもありますが）。

その結果、時間を相当ロスしてしまい、早く寝ることができなくなって、次の日に影響を及ぼすこともよくあります。情けない話ですが……。

また仕事中も、Twitter や Facebook を閲覧して、そこからリンクされている動画を見て、関連動画を見続けて……となることもしょっちゅうです。抜け出すのは、容易ではありません。

そうなると、仕事もなかなか進みません。時間がなくなり、「じゃあ、明日に回そう」などということになってしまいます。

それを防ぐには、どうすればいいのでしょうか。

「仕事が速い人」は、インターネットやスマホを、意識して遠ざけるようにしています。

または、意識して遠ざける時間をしっかりと設けるのです。

パソコンがない部屋を確保したり、パソコンを持ち歩かないで外で仕事をしたりしています。また、スマホもわざと見えないところへ置き忘れるなどして遠ざけているのです。

意識して遠ざけなければ、インターネットもスマホも、あなたのところに忍び寄ってきます。**「インターネットも、スマホもない」という状態にいかに身を置くかが大事**なのです。

なぜインターネットやスマホを遠ざけると、「仕事が速い人」になるのか。答えは極々単純なことですが、「仕事に集中できる」からです。

「仕事が速い人」は、間違いなく集中力が高い。反対に、「仕事が遅い人」は、集中力がなく、あったとしても集中して仕事にとり組んでいない時間が多い。これは厳然たる事実です。

インターネットやスマホは、必要なときに使えばいいだけの話です。うまく利用すればいいだけの話です。

今の日本人は、インターネットやスマホを利用しようとして、逆にうまく利用されているような感じがあります。また、多くの時間を吸いとられています。

「仕事が速い人」になるために、インターネットやスマホに利用されないように気をつけましょう。

02 仕事が速い人は、集中力を発揮するためにインターネットやスマホを遠ざける！

03 仕事が速い人はパソコンをすぐに買い替え、仕事が遅い人はパソコンを大事に使う。

「仕事が速い人」になるためには、パソコンをしょっちゅう買い替えなければならない、とただ言っているわけではありません。このような考え方が、「仕事が速い人」になるために必要だということを言いたいのです。

パソコンは確かに高価です。最近は、とても安いものもありますが、スペックを普通以上にして、マトモなパソコンを買おうとすると、やはり10万円から20万円くらいはかかってしまうでしょう。

しかし、高価だからといって、**「もったいない」と4年も5年も使っていると、完全に「仕事が遅い人」に成り下がってしまいます。**

私の中では、パソコンは消耗品。1年で買い替えてもお釣りがくるくらいだと思っています（最近は性能が良くなってきたのと、それほどハードに使い込む仕事でもないため、実際には2年くらいは使っていますが……)。

2年くらい使っていると、少しずついろいろなところで処理速度が遅くなってきます。一方、新しく出るパソコンはスペックがどんどん良くなってきているため、スピードの差は歴然です。

仕事の内容や業種にもよりますが、事務的な仕事においては、パソコンを使う頻度はものすごく高いはずです。極端に言うと、ほとんどパソコンの前に座って仕事をしているという人も少なくないはずです。

そのようなスタイルで仕事をしている人が、**パソコンの処理待ち時間などに時間を費やされるのは、とても大きな損失**ではないかと思います。鍛錬を積み重ねて、タイピングなどを練習してせっかく作業スピードを速くしたにもかかわらず、パソコンの処理待ちに時間をとられるのはもったいないことです。

さて、「パソコンをしょっちゅう買い替える人は、仕事が速い人」という論調でこの項が進んでいますが、これはパソコンだけではなく、すべてのことに当てはまります。

要するに、お金を使ってでも時間を大事にしていくことが、結局は仕事を速くすることにつながり、その結果として費用も回収できてしまう、ということなのです。

「仕事が速い人」は、時間とお金の関係を常に考えています。

少々お金がかかっても、時間を短縮できるのであれば、そのことにお金を支払います。一時的にお金が減ってしまったとしても、買った時間を有効に使うことで、それ以上のお金をとり戻すことが可能です。

これに対して、「仕事が遅い人」は、時間とお金の関係について思いを巡らせることはほとんどありません。

もったいないという理由でお金を使わず、長い時間をかけて物事を解決しようとします。その結果として、結局はお金を失ってしまうことが多いのです。

私は仕事柄、いろいろな会社を訪問します。私のお客様には、「なるべくパソコンを早く買い替えた方がいいですよ」、とよく言うのですが、それに従ってくれるお客様は、やはり業績も上向きになっていることが多いです。

無駄な経費を節約する、という考え自体はとても素晴らしく、経営には必要な考え方です。しかし、**経費を削ることだけに頭を使ってしまうと、「能率を高めて仕事を速くして、その結果、経営が良くなる」という考えにはなりません。**それでは、業績がそれほど上向きにならないのです。

「時間を生み出す」部分には思い切ってお金を使いましょう。それができた会社や個人に、業績や成績が良くなる権利が与えられるのではないかと思います。

時間を生み出すためにお金を使うことを恐れないようにしてください。それが「仕事が速い人」になるための一歩となります。

03 仕事が速い人は、効率化のためにお金を投資する！

04
仕事が速い人は道具を選び、仕事が遅い人は道具を選ばない。

パソコン以外にも、仕事の「道具」をうまく使えるかそうでないかが、「仕事が速い人」と「仕事が遅い人」を分ける大きな要因になります。

デスクワーク中心の仕事をしている人は、ほぼ1日パソコンに向かっていると思います。実際、私もそうです。

しかしそういった人も、すべての作業をパソコンでやるわけではなく、文具などの道具も使うはずです。また、デスクワーク以外の人は、もちろん仕事上の道具をいつも使っているでしょう。

例えば大工さんであれば、いろいろな工具があります。そういった道具をうまく選び、うまく使えるようになることが、「仕事が速い人」と「仕事が遅い人」を分け隔てる境目になることもあるのです。

私が以前働いていた電気機器の会社では、さすがに道具に関してものすごい工夫がされていました。

実習で行った製造現場では、人の動きに合わせて使う道具が一定の場所に設置されていました。製造する品物が流れてくると、体をほぼ動かさずに必要な道具を使うことができるのです。

このような効率を考えた道具の設置は、毎日毎日改善が重ねられていくため、どんどん最適化されていき、その工場で働いている人全員を「仕事が速い人」にします。

製造実習以外にも、仕事でいろいろな工場に行きましたが、すべての工場でそのような効率的な仕組みになっており、驚きました。

本書を読んでくれている皆さんのお仕事はいろいろかと思いますが、比較的デスクワーク中心の人が多いのではないかと思います。デスクワークにおいて重要な道具は、先ほども述べましたが「文房具」です。

私の知人で文房具のことを常に考え、いかにいいものを選び、それを使いこなすか、ということを仕事で研究している人がいます。それほど文房具の世界は奥深いのです。うまく選んでうまく使いこなせば、仕事にとってものすごくプラスになるはずです。

私も文房具にはうるさく、例えばテープのりとか、封書を開けるカッターなどには、こだわっています。しかしそういった**些細なことが、毎日毎日の仕事時間を少しずつ減らし、効率化してくれますので、バカにすることはできません。**

「仕事が遅い人」は、道具をうまく使いこなすことができません。デスクワークにあたっても、その辺にあるものを適当に使用していたりします。「こだわり」がないのです。道具へのこだわりがない ↓ 収納場所にもこだわらない ↓ 整理ができない　となり、結果として机の上は雑然としており、探し物をする時間が非常に長くなり、「仕事が遅い人」になっていきます。

人とコミュニケーションをとりながら仕事を進めていく、営業職のような方は、「言葉」が非常に重要な道具になってくると言えるでしょう。自分の中から発する「言葉」を鍛えて、適切な言葉をそのときそのときに選んでいくことで、仕事を円滑に進めていくことができます。

そのためには、日々読書をして、いろいろな人と会って言葉を交わしていくような地道な作業が求められます。「言葉」という道具を使って仕事をして稼いでいるわけですから、そうしていかなければなりません。

道具をうまく使いこなせるかどうかということは、人間が昔から対峙してきた重要な課題ではないかと思います。その巧拙が、「仕事が速い人」と「仕事が遅い人」を決めていきます。

まずはぜひ、自分が使っている、そして使っていくべき「道具」について考えてみてください。そして、それを用意する。

また、その道具をきちんと整理して、使いやすいようにする。それが、「仕事が速い人」になるための第一歩ではないでしょうか。

04 仕事が速い人は、道具にこだわりを持ち、うまく使いこなす！

05

仕事が速い人はどこでも仕事をやり、仕事が遅い人はデスクでやる。

最近は「ノマドワーカー」などという言葉も流行っている通り、自宅やオフィスだけでなく、カフェやレストランで仕事をしている人が増えてきました。このどこでも仕事ができるというスタイルが、仕事の巧拙や遅速に、大いにかかわってくる時代になっています。

大きな会社に勤めている友人から最近よく聞くのが、「仕事のデスクはアクセスフリーだよ」というような言葉。アクセスフリーとは、自分の仕事の席が決まっていなくて、きた人から順番に、好きな席で仕事をするようなスタイルです。場所の効率的な利用、省スペースを狙ったものではないかと思います。

もともと私たち日本人は、学校の席からしてきちんと決まっていて、毎日同じ席に座って授業を受けるようなスタイルでやってきていますので、アクセスフリーのようなスタイルには、ちょっとした抵抗感があります。その友人たちも、「結局は、みんな大体、いつも決まった席に座っている」と言っていました。

しかし、時代が変わり、アクセスフリーの効率がいいのであれば、どこの席でも仕事ができるようにしておかなければならないということになります。席の位置などにこだわらず、すぐに仕事をはじめて軌道に乗せられる人が「仕事が速い人」ということです。

会社内での席もさることながら、**外でも仕事ができるようにしておいた方がいい**ことに違いありません。

冒頭にも書いた通り、今は「ノマドワーカー」が流行しています。全員が全員、スターバックスでMacBookを広げている姿が画一的すぎてノマドではない、などと揶揄されたりしていますが、どんな場所でも本当に仕事をうまく進められているのであれば、それはそれで素晴らしいことです。

このような「どこでも仕事ができる人」が「仕事が速い人」になれる一番の要因は、「スキマ時間を無駄にしない」ということです。

例えば、出先で仕事と仕事の合間に中途半端な時間が空いてしまった場合、カフェなどで仕事ができれば、その時間を有効に使うことができます。

また、**「どこでも仕事ができる人」は、環境に左右されない力を持っているため、仕事をはじめるときの立ち上がりが速いことも、仕事を進めるにあたっては非常に有利に働きます。**

席に座っても、なかなか仕事をはじめない人がいます。「まずはコーヒーを淹れて、新聞でも読んで……」といった具合で、なかなかエンジンがかからず、仕事に入ることができません。

「どこでも仕事ができる人」は、スキマ時間のような限られた時間で仕事をしなければならないため、総じて仕事の立ち上がりが速い。すぐにエンジンをかけられるかどうか、ということも「仕事が速い人」になるための重要な要素です。『どこでも仕事族』はその点でも有利ということができるでしょう。

かく言う私は、割とどこでも仕事ができるタイプではないかと思っています。

朝、本の原稿やメルマガ、ブログを書いたりしているのですが、自宅でやることもあります。朝いちばんの自宅は、妻や子供が出かける準備をしていますし、テレビもついていて慌ただしいのですが、ノイズキャンセル機能がついたヘッドフォンでクラシック音楽を流しながら、作業をしています（今まさにそんな感じです）。

また事務所が都内から少し離れているため、都内で2件のお客様のところに行くような日は、1件目のお客様との要件が終わったら、一度事務所に戻るというようなことができません。たまに2件目のお客様にお会いするまで2～3時間空いてしまうようなこともあります。そういったときは、なるべくカフェなどに入って、仕事をするようにしています。

最近はどこでも仕事ができるようになり、非常に効率的に、仕事を速く進められるようになっているな、ということを感じます。

集中することができる一か所の場所で、集中して仕事を片づけることも必要です。しかし、現在のような、何もかもが流動的になってきている時代には、どこでも気にせずに仕事ができるようにすることが、「仕事が速い人」になるためのひとつの有利な条件なのではないでしょうか。

05 仕事が速い人は、スキマ時間に作業する！

06 仕事が速い人はクラウドを利用し、仕事が遅い人はアナログで仕事をする。

ノマドワーカーが流行っている流れにも関連しますが、最近は『クラウド』という言葉がよく使われるようになってきました。

『クラウド』とは、もともと「クラウドコンピューティング」というコンピュータ用語で、「ネットワーク、特にインターネットをベースとしたコンピュータ資源の利用形態」のことを言います。要するに、インターネットでつながれている一定の場所に、どこからでもアクセスできて、データを見たり保存したりできる形態のことです。

クラウドをうまく利用できるということは、どこからでもアクセスできる、つまりどこでも仕事ができるということ。従って、05項の内容と結局は同じになりますが、ここではより具体的な話をしたいと思います。

私の友人である税理士のI氏は、この『クラウド』をうまく利用して仕事を速く進めている方の一人です。私もＩ氏の真似をしてクラウドを利用しています。

まずはＩ氏のクラウド活用術について話をします。


まず、使っているメールソフトは**Gmail**。

Gmail は Google 社が提供するメールソフトですが、膨大な量のメールを検索する機能に優れています。Gmail では、メールがすべて Google のサーバーに保存されるので、どこからでもアクセスして見ることが可能となります。

それから、スケジュール管理は Google カレンダーです。これも Google 社が提供するスケジュールソフト。これにスケジュールや、タスクリストを入れています。

また、重要なのが**「Evernote」**というソフトです。これは読んで字のごとく、クラウド上のノートといったイメージで、何かを思いついたりしたときに、そのネタを書き込んだり、重要なことをメモしたりするために使います（32項参照）。

これらの**クラウド系ソフトは、家のパソコン、モバイルパソコン、事務所のＰＣ、iPhone、iPad などからアクセスでき、さらにこれらすべてのツールでひとつのデータを**

共有して使うことができます。

例えば電車の中でiPhoneを使ってEvernoteに入れたアイディアを、カフェでモバイルパソコンを開いて確認したり、Googleカレンダーにそのアイディアを実現させるためのスケジュールを入力したりすることも可能です。

また、Gmailで急ぎのメールが入っていないかということを、iPhoneで確認したりもします。

ある仕事の最中に、お客様から急ぎのメールがきたりしたときは、ひとまずiPhoneで最低限の返事をしておき、あとで事務所に戻ってPCでちゃんとした回答をする、などという感じでクラウドをうまく利用することが可能です。

前述のI氏は休日、多くのトライアスロンの大会に出ています。トライアスロンは1日中泳いだり走ったりしていますので、次の日などは非常に辛いと思いますが、必ずちゃんと仕事をしています。

というのも、トライアスロンの開催地に泊まり、次の日はその場所で3つのソフトを中心にしてクラウドを活用して仕事をしているからです。I氏は、いろいろなところへ行っていますが、どの地にいるときも、誰から見てもちゃんと仕事をしているように感じられます。

「会社に行かなければ、このデータを見られない」「事務所でなければこの仕事ができない」などという縛りがあると、これからの世の中では不利になることもあるでしょう。

「仕事が遅い人」は、何も変えようとせず、何も考えず、旧来のスタイルにこだわって仕事をします。

それでは、今後の流動的な世の中についていけなくなってしまいます。

いつでもどこでも、できる仕事をしっかりこなして、「仕事が速い人」になるようにしましょう。

06 仕事が速い人は、新しいものをとり入れる柔軟な考え方を持っている！

07

仕事が速い人は集中できる方法を身につけ、仕事が遅い人は集中するという意識がない。

仕事を速くできるようになるためには、やはり、とにかく「集中」して仕事にとり組むことが第一条件です。集中して仕事ができる人と、集中できず注意散漫になってしまう人との差はかなり大きいです。

それでは、どうやったら集中して仕事ができるようになるか、ということを徹底的に考えてみましょう。

まずは内面のことから考えてみたいと思います。まずは、健康面。やはり、人間は健康でなければ、何事も集中してやることができません。

健康を維持するためには、ある程度の努力が必要です。睡眠時間を充分にとり、ある程度の運動をする。それから、暴飲暴食を避け、体重もあまり多くならないようにする。そして、仕事をしているときや普段の姿勢を意識して、背筋を伸ばす。

このような当たり前のことでも、毎日毎日積み重ねていくと、大きな差になったりします。1日1日で考えると、それほど差を生むことはなく、自覚することもないでしょう。しかし、しばらく経ったあとには大きな差になって現れるのです。

私の場合も、ちょっと前までは体重が重く、ある一定の体重を超えると睡眠時無呼吸症候群を発症したこともありました。そういったときはいつも眠く、体が重い感じがします。そして、定期的に風邪気味になり、仕事にも支障をきたすことがよくありました。しかし、最近になって暴飲暴食をやめ、体重をコントロールし、体を鍛えるようになってからは、かなり改善されました。睡眠もしっかり確保できて、風邪をひくこともなく、体調は良好です。痩せてからはやる気も出てきて、仕事がよく進むようになったな、と思います。

姿勢についてはまだまだで、いつも意識をしていないと猫背になってしまい、首などを痛めてしまうのですが、これも意識するようになってからはある程度改善しています。

仕事を集中してやれるようになるためには、内面だけでなく、外部環境も非常に重要な要素となってきます。ここでは、人間の五感について考えてみましょう。

集中して仕事をしていくためには、五感をフルに仕事に集中できるように働かせることが必要です。そうするためにどうすればいいか。逆から考えると、五感を仕事に集中できる環境にすればいいわけです。

まずは視覚。周りにあまり何も置くことなく、その仕事に関係するものだけを置くようにしてください。

パソコンの画面も、今とりかかっている仕事以外のことに気がいかないようになるべくシンプルにしてください。アイコンを減らしたり、余計なウインドウを閉じるのです。

それから聴覚。これは結構重要です。音が何もしないのが理想ですが、そうはいかないもの。周りがうるさいときは、ノイズキャンセル機能を持つヘッドフォンやイヤホンをして、クラシック音楽を聴いたりすればいいのではないでしょうか。私はいつもYouTubeで2時間くらいのクラシック音楽を聴きながら原稿を書いたりしています。

次に嗅覚。これは普段あまり感じることがないと思います。気持ちを落ち着かせるために、アロマの香りを流したり、お香を焚くのはいいと思います。なるべく食べ物の匂いを避けるようにしてください。

味覚、触覚は仕事にあまり関係ないと思いますが、触覚という意味では、使いやすい機器を使うことが非常に重要です。特にデスクワークが多い方は、パソコンのキーボードなどを自分の使いやすいものにしてください。キーボードがいいか悪いかで、仕事の効率に結構差が出てきます。

このように**内面を健康な状態にキープし、さらに外部環境を整えることで、集中度に大きく差がついてきます。**このあたりは意識していないと忘れてしまい、その結果として仕事に集中できないということもよく起こります。ぜひ意識して、とり組んでいってください。

07

仕事が速い人は、ベストコンディションに整えるのがうまい！

第2章

日常生活 編

08 仕事が速い人はプライベートを重視し、仕事が遅い人はプライベートはあと回し。

ここから、「仕事が速い人」と「遅い人」の「生活習慣」について、比べてみます。生活習慣なんて、仕事と何の関係があるの?と思うかもしれませんが、大いに関係があります。

まずは「プライベートが充実しているかどうか」について。

「仕事が速い人」は、プライベートが充実しており、「仕事が遅い人」は、充実させることができていない。私の周りでも、その法則がほぼ成り立っています。

私の友人で仕事ができる人、すなわち「仕事が速い人」は、仕事の時間はもちろんですが、プライベートな時間をすごく重要視しています。自分の趣味や好きなことをやる時間をしっかりとっているのです。

そのような人の日々の行動を見たり聞いたりすると、充実しすぎていて、「寝る時間、あるのかな」と思ってしまうのですが、睡眠もしっかりとっているようです。
私が仲良くさせてもらっている税理士業界の先輩には、そんな人が多いですが、私がよく生き方を参考にさせてもらっている、３人のお話をしましょう。

まず1人目。この人は、税理士なのにテニスをほぼ毎日やっています。しかし、多くの顧問先から愛されていて、著書も毎年3冊くらい出版しています。

２人目は、好きな野球チームの応援のため、関東で行われるほとんどの試合を生観戦していて（遠い地方の本拠地にも結構足を運びます）、その上で多くのお客様を持っており、絶大な信頼を得ています。

３人目は、06項でも紹介したトライアスロンの大会に毎週出ているのではないか?と疑われる人。「毎週トライアスロン」は言いすぎかもしれませんが、マラソンなども含めると、ほぼ毎週長い距離を走っています。その上で本も出版し、セミナーも毎月開いています。大人気のブログも毎日更新しています。

このお三方には、仕事のことでいろいろと相談をしたり、事務所にお邪魔して仕事ぶりを見させてもらったりしていますが、すべて独自のやり方を確立しており、間違いなく「仕事が速い人」です。

もちろん、仕事での実績もしっかり出しているし、たくさんの人から愛されていて、お客様から強い支持を受けています。見習うところが多いです。

これに対して、申し訳ないけれども「さえないな」と思う人は、プライベートが充実していないいんじゃないかな、と思うことが多いです。仕事だけをしているような感じで、プライベートな時間が、ほとんどないように見えてしまいます。

もちろん、仕事しかしていないような人でも、仕事を速くこなし、実績を出している人はたくさんいます。ですから、「プライベートが充実していない＝仕事が遅い」とは言いきれません。

しかし、「仕事が遅い人」、仕事があまりできない人の中で、プライベートが充実しているように感じる人はとても少ないです。たとえプライベートな時間があったとしても、休日は昼すぎまで寝ているとか、休みは何もしない、などという場合が非常に多いです。

さて、なぜプライベートが充実していると、仕事が速いのでしょうか。

まずは、「時間が限られている」こと。

プライベートが充実していると、そのプライベートのために、時間とお金を捻出しなければならない。そのためには、仕事を速くこなし、その上でしっかりと稼ぐ必要があるというわけです。

そして、「エネルギーの絶対量が多い」こと。

エネルギーを、バイタリティという言葉に置き換えてもいいかもしれません。そのような人は、**プライベートも仕事もやりたいことが多くて、それを大きなエネルギーとして有効利用しています。エネルギーが大きいということは、仕事を速く進める力を持っているということにつながります。**

プライベートを充実させることで仕事に対するエネルギーをチャージし、そのエネルギーを使うことで「仕事が速い人」になりましょう。

08 仕事が速い人は、よく働き、よく遊ぶ！

09 仕事が速い人は早起きし、仕事が遅い人はゆっくり起きる。

「朝4時起きで人生を変える」「朝一時間○○法」など、朝を有効に使うというノウハウが流行しています。私も、そのような本を何冊か出させていただいています。

では、朝を有効に使うことが、本当に素晴らしいことなのでしょうか？早起きの人は本当に仕事が速いのでしょうか？私もそう考えているからこそ、そんな本を出版させてもらっているわけですが、念のため検証してみたいと思います。

朝早起きして仕事をする人は、主に以下の2つの理由で「仕事が速い人」ということができるのではないでしょうか。

まずひとつ目は、人間の体の仕組みからして、**朝の方が集中力を高めることができ、仕事の能率が良くなる**ことです。東京大学の島津明人准教授の研究結果によると、「人間の脳が集中力を発揮できるのは、朝目覚めてから13時間以内」だそうです。

夜に頑張って仕事をやっても、脳自体が集中できていないから、効率が悪くなる。朝起きてからしばらくは、脳がクリアになっていて、集中できるため、仕事の効率がいいと考えられます。

実際に皆さんはどうでしょうか。個人差はもちろんあると思いますが、朝の方が集中できるという人の方が多いのではないでしょうか。

私は、**「脳のハードディスク最適化」**機能が働いていると考えています。

パソコンのハードディスクも、ずっと使っていると、メモリが断片化されてきて、動きが遅くなったりすることがあります。そうなったとき、パソコンの使用をいったん中断して、「ハードディスクの最適化」を行うと、サクサク動いたりします。

人間の脳は、寝ているときに、「脳のハードディスク最適化」を自動的に行い、朝起きたときにはクリアになっているという感覚が私にはあります。そういった人は、朝集中して仕事をやると、仕事の進みが非常に早くなるはずです。

早起きすることによって仕事が速くなる２つ目の理由は、**「朝は、時間が限られている場合が多い」**ということです。

例えば、「午前中いっぱいまでにこの仕事を終える必要がある」とか、「10時に出かけるので、それまでに仕上げる」など、時間に制約がかかっている場合が多いはずです。

これが夜の残業時間になると、もちろん終電の時間などはあるかもしれませんが、何時に帰ってもいいことが多く、ダラダラしてしまう可能性が高くなります。その分仕事がゆっくりになり、「仕事が遅い人」になり下がってしまう、というわけです。

限られた時間内に仕事を終えなければならない、というプレッシャーがかかるのは、朝のことが多いはずです。そのプレッシャーが、「仕事を速く進められる」要因になります。

「朝が弱い人」や「夜の方が集中力を発揮できる人」は、もちろんいると思います。そういう人は、夜仕事を頑張る、という形でもいいでしょう。

しかし、やはり冷静に考えると、朝の方が気分いいし、汗もかいていないし、睡眠をキッチリとっていたら疲れもあまりないはず。朝早起きして仕事をする方が、仕事が速くなることは多くの人に当てはまるはずです。

私は会社員だった頃、朝の時間に勉強することを選びました。会社の始業前に食堂や会議室で勉強して、そのおかげで税理士試験に早く合格することができたのです。合格してからも、その習慣を活かして、「始業前に出社して、始業前にある程度の仕事を終わらせる」ようにやっていました。

朝の早い時間帯は、会社に誰もいない場合が多く、電話も鳴らないため、集中することができます。仕事が速く進み、午前中いっぱいか午後の早い時間で、「やるべきこと」を終わらせていました。そのあとは業務を速く正確に進めるための改善を行ったりしていたのです。

「なるべく朝の早い時間に、その日の仕事を終わらせる」というのは、とてもいい考え方です。「午前中はやるべきことをやり、午後は好きなことをやる」というパターンで仕事を行いましょう。普通に生活していくと、時間のプレッシャーもあまり感じることがなく、仕事がどんどん先送りされていってしまいます。

私もそういった痛い経験をたくさんしてきました。「朝早起きの人は、仕事が速い」「朝が遅い人は、仕事も遅い」は事実です。

09 仕事が速い人は、午前中に重要な仕事を終わらせる！

10 仕事が速い人はさっさと眠り、仕事が遅い人はゆっくり眠る。

私が『朝1時間勉強法』（中経出版）を書いたあとから、「朝早く起きることができません。早起きするには、どうすればいいでしょうか」という質問をよくいただくようになりました。その質問に対してはいつも、「簡単です。夜早く寝ることです」と答えることにしています。

早起きをするためには、単純に夜早く寝ることが重要です。当たり前のことですが、本当に大事なことです。しかし、夜早く寝ることは非常に困難です。でもこれができれば必ず早起きができ、その結果として「仕事が速い人」になれるのです。

夜に早く寝ることがなぜ困難なのか。それは現代社会において、私たちに夜更かしをさせようという、ものすごく強い誘惑が居座っているからです。

夜は誘惑の時間です。飲み屋さんは盛り上がり、「夜のお店」も繁盛しています。家に帰っても、スマホにパソコン（ネット）、テレビなど、魅力のあるメディアが押し寄せてきたりします。これらの誘惑は、あなたを簡単に離してくれません。

夜は思考状態も少しゆるくなってしまっているため、これらの誘惑に身を任せてしまうこともあるのではないでしょうか。タバコのように依存性もあるため、夜の誘惑を完全に断ち切るのは非常に難しいです。

私は早起きをするためには夜を制することが大事だと考え、「夜、なるべく早く、いい眠りに入る」ことを心がけるようにしました。具体的には、次の通りです。

・仕事を終える時間をしっかりと決め、その時間がくればどんなに仕事が残っていても帰ってしまう

・帰ったら、食事をゆっくりとる。食事が終わったらぬるめのお風呂につかり、気分をリラックスさせる

・リラックスした格好で読書をして、眠たくなったら寝床に入る

これは、サッカー日本代表の長谷部誠選手の本『心を整える』（幻冬舎）に書かれていて、長谷部選手がとても重要視している「平穏に夜をすごし、睡眠をしっかりとる」ための方法を、少し参考にしました。なお、長谷部選手の夜のリラックス方法は、

・リラクゼーション音楽を聴く
・お香を焚く
・アロマオイルを首筋につける

など（他にもいくつかありますが、本を読んでいただければと思います）、とてもおしゃれな方法です。

寝る時間を完全に決めてしまうというのも手です。

例えば、23時〜6時などという感じで、完全に決めてしまうわけです。その場合、23時までに寝られなかったときは、自分に罰を与えるなどしてもいいでしょう。

大概の人はやりたいことがたくさんあるため、そちらを優先して寝るのがどんどん遅く

なってしまいます。そうならないように完全に寝る時刻を決めてしまいましょう。

早く寝ることができれば、早起きも必ずできます。その結果として、どんどん「仕事が速い人」になっていくのです。反対に、夜寝るのが遅くて朝なかなか起きられない人、朝に弱い人は、「仕事が遅い人」ということになります。そのような人は、一番脳がクリアで一番集中できる朝の時間が絶対的に短く、有効活用できないからです。

夜の誘惑に負けてしまう人は、毎日同じことを繰り返す傾向が強いように思われます。あなたの周りにもいるでしょう。「毎日毎日、遅くまで残業している」とか「毎日毎日、飲み歩いている」とか。

そういった「夜の誘惑」に身を任せるのは、たまにはいいかもしれません。しかし、普段はそれを完全に頭から断ち切り、自分なりのリラックス方法を使って早く寝て、次の日の朝に早く起きて仕事をすることです。

10 仕事が速い人は、早起きするためにすぐに寝る！

11 仕事が速い人は「昼寝」をし、仕事が遅い人は「二度寝」をする。

早起きをしようと思い、早く寝ることができた。次の日の朝、目覚めたら、午前3時だった。こんな場合、あなたはどうしますか？

おそらく、多くの人が「まだ寝られる。もう一度寝よう」と思って、再度寝てしまうはずです。これが皆さんご存知「二度寝」ということになります。

この「二度寝」をやめて、目覚めたらそのときに頑張って起きてしまう。そして、足りない睡眠は、「昼寝」で補う、というのが「仕事が速い人」の流儀です。

09項では書かなかったのですが、早起きにはコツがあります。そのコツとは、寝る前に例えば「今日は7時間寝る。そして6時に起きる」などと、**寝る時間と起きる時刻を自分に言い聞かせる**ことです。

人間には、結構優秀な体内時計が内蔵されているため、自分が思った時間に起きることができます。あなたにも、おそらく経験があるはずです。早起きしなければならないとき、目覚ましをかけたけど、その直前に起きることができた、というようなことが。

「○時に起きる」という時刻に加えて、上記のように「△時間、寝る」と、睡眠の長さも考えておくと、非常に目覚めが良くなります。

私も、これをやるようになってからは、どれだけ早起きしなければならないときも、スッキリと起きることができるようになりました。まやかしのような気もしますが、試してみてください。


さて、「二度寝」がなぜ悪いか、という理由に戻りますが、この「二度寝」は、今述べたように睡眠時間と起きる時刻を自覚できないまま、また寝てしまう、というところがマズいのではないでしょうか。

そうすると寝起きの気分も悪いですし、もともと起きようと思っていた時刻より、起きるのが遅くなってしまうのです。私もこのような経験を何度もしました。何度も痛い経験をしてきたので、「二度寝」を防止するためにはどうしたらいいか、ということを常々考えてきました。

そして達した結論。

「二度寝」を防止するための方法は、「目覚めたら、思ったより早い時刻であっても無理やり起きてしまう」というものです。

思ったよりも早く目覚めてしまったら、そこでもうあきらめて起き、すぐに仕事にとりかかってしまいましょう。睡眠時間は足りないかもしれませんが、午前中いっぱいくらいは、集中力も続くはずです。

目覚めてからすぐに仕事にとりかかれない人も、なるべく早く仕事場に行き、仕事にとりかかるようにしてください。朝早い方が通勤時間も必ず短くなるはずですし、仕事を前倒しで進めることができる「仕事が速い人」になれます。

そして、二度寝をせず早く起きてしまい、仕事をしばらく続けていると、どうしても眠くなってしまいます。そのときには「昼寝」をするのです。

仕事の効率を考えたときに、最強のツールと言えるのが、「昼寝」です。

あなたにも、何度も経験があるはずです。**お昼などに15分ほど寝たときは、そのあとの仕事の能率が上がる**という経験が。

私自身は、「昼寝」の最強ぶりを大学受験のときに知りました。1日勉強していると夕方くらいに疲れてきますが、そこで15分の昼寝を入れるだけでどれだけ効果があったか。この昼寝の効果を知ったからこそ、大学受験に合格できたと今でも思っています。

そして、社会人になってからも、昼寝を有効に使い、仕事の効率を上げてきました。サラリーマンのときは、昼休みの最後に5分でもいいから寝るようにしていました。どうしても寝られないときは、トイレに行って寝ることもありました（内緒ですが……）。

私は常々、「シエスタ」を日本でも制度化してほしいと思っています。

「シエスタ」とは、スペインなどで午後を睡眠に充てる習慣のことですが、15分でもいいから昼寝をすることを許されるべきだと考えています（会社で「昼寝室」などを作るべきです！）。

昼寝をすることで能率を良くして、「仕事が速い人」になる。これは人間の体を考えたときに、必須なのではないかと思います。

11 仕事が速い人は、少しの時間でも昼寝をして脳をスッキリさせる！

12 仕事が速い人は休日に仕事を忘れ、仕事が遅い人は休日に仕事のことを考える。

「オンとオフの区別をきっちりするかどうか」という議論が、たまになされることがあります。

最近では「ワークライフバランス」などと言われ、仕事と生活のバランスを見直していこう、という動きがあります。

個人的な意見を言わせていただくと、「ワークライフバランス」という言葉にはちょっと違和感があります。それはなぜかというと、「ワークライフバランス」という言葉は、『ワーク』と『ライフ』を並列にならべて、同等のものとしているからです。

本当は、『ライフ』（生活、生きる）という大きいものの中に『ワーク』（仕事）があったり、『ホビー』（趣味）があったり、『ファミリー』（家族との時間）があったりするのではないでしょうか。「生活か仕事か」という二者択一の問いかけには、違和感があります。

それはさておき、仕事のときと仕事以外のときをどう区別すれば、「仕事が速い人」になれるのか、ということを考えてみたいと思います。

本当は、仕事が好きで仕方なかったり、仕事が趣味と一致していたりして、「いつでもずっと仕事をしている状態」、というのが理想なのかもしれません。一日中、好きで仕事をしているというイメージです。

しかし、そうではない人の方が大多数のはず。その場合は、やはり仕事と仕事以外をしっかり分けましょう。そうすると、より仕事に集中することができ、「仕事が速い人」になれるはずです。

「仕事が速い人」になるためには、なんといっても集中力をなるべく長い時間保っていられることが重要です。そのためには、十分な休息をとることが大事です。

ですから「仕事から離れた時間」が必要なのです。**仕事から離れている時間で、仕事に対するやる気や集中力をチャージする。**そのような生活をしている人が、「仕事が速い人」になります。

私の友人で年の半分くらいをハワイでのんびり暮らしていながらも、日本にいる間はしっかりと仕事をしている人がいます。彼は日本に帰ってくると、セミナーを開いたり音声教材などを売りまくり、たくさん稼ぎます。そしてしばらくしたら、またハワイに行ってしまいます。

聞くとハワイではずっと泳いでいたりサーフィンをしていて遊んでいるそうですが、日本に帰ってきたら途端に仕事モードに入るのだそうです。そして、夫婦2人で何不自由ない生活をしています。

一度、「なぜ半年しか日本にいないのに、そんなに成果が出せるのですか?」と聞いたことがあります。

そうすると、「ハワイで何も考えずに遊んでいて、日本に帰ってくると『仕事をしなきゃ』と猛烈に焦る。その焦りがいい方向に向かって、仕事への集中力を生んで、成果が出せているんじゃないかな」とのこと。

うらやましい人生だなと思いますが、そのようにして仕事の成果を出している人もいるということです。

逆に、**「仕事が遅い人」は、オンとオフの境目がなかったり、休暇をとるということを意識していなかったりする人が多い**のではないでしょうか。

そのような人は、「いつでも仕事ができる」とか「仕事の時間は充分にある」と考えているため、ダラダラと仕事をしています。また、家に仕事を持ち帰ったり、休日も家で中途半端に仕事をしたりしているのです。

仕事への集中力は、休んでいる間に作られ、体に補充されていきます。オンとオフを分けて、休みをしっかりとっていないと、集中力がなくなってきて、仕事がうまく進みません。しっかりと休みをとり、オンとオフの区別をしたうえで、仕事に集中してとり組む「仕事が速い人」になりましょう。

12 仕事が速い人は、休日に仕事に対するエネルギーをチャージする！

13 仕事が速い人は空腹、仕事が遅い人は満腹。

いきなり「空腹」とか「満腹」などの言葉が出てきて面食らうかもしれませんが、「仕事への集中力」と「食事」の関係は、本当に大事なものです。

私は、仕事にとり組むにあたって、「食事」には結構気を遣っています。


どうしても集中してとり組まなければいけない仕事がある場合とか、重要な打ち合わせ、会議などがある場合、私はなるべく直前に食事をしないで臨みます。**食事をしたあとにすぐ仕事をすると、集中力がそがれたり、眠たくなったりする**ことがとても多いからです。特に昼食を食べたあとは鬼門です。言うまでもなく、皆さんにも経験はあることでしょう。

食事をすると、消化器官が大きなエネルギーを必要とするため、脳に栄養分が回らなかったり、体の活動をセーブする必要があったりして、眠くなってしまうと聞いたことがあります。確かに、その通りだと日々実感しています。

お腹いっぱいで眠たくなり、集中力が削がれれば、その結果として、「仕事が遅い人」になってしまうことは確実です。

昼食をとったあとや間食後に昼寝をすればいいものの、その時間がなければ、眠たいまま仕事を続けなくてはなりません。こんなときは完全に「お腹いっぱいで、仕事が遅い人」に成り下がっています。

私はごくたまにですが、夕方位まで何も食べずにすごすことがあります。そんなときは、やはり仕事への集中度が全く違っていて、いい仕事ができ、しかも速く進みます。朝食もとりません。１日１食です。

これらを考えてみても、「空腹の人は、仕事が速い人」ということが言えそうです。

先日、たまたま観ていたテレビ番組で、俳優の岸谷五朗さんが言っていました。

「撮影のときは、集中力を高めるため、食事をとらない。撮影が終わってから食事をとる。」

それを観たとき、「そうか！」と私は膝を打ってしまいました。

俳優さんにとって、撮影は大事な仕事です。長い時間に渡って行われることも多いでしょうが、その間集中力を切らさないように食事をとらない、というのは理にかなったものかもしれません。

岸谷さんの演技は、個人的にとても好きです。迫真に迫ったものがあり、ドキドキしたり、胸を打たれたりすることも多くあります。その演技は、「食事をとらないことから来ていたのだ」と妙に納得してしまいました。

私たちの仕事も、私たちにとって、決して俳優さんに負けることのない、大事なものではないでしょうか。

だからこそ覚悟を持って、「空腹と戦う」ことが大事。いや、空腹と戦うのではなく、**空腹と仲良くなって、うまくつき合う**という心構えが重要なのかもしれません。

また、空腹とうまくつき合うことができれば、無駄なものを食べなくなるため、ダイエットにも効果があります。痩せると、体の動きも良くなり、「仕事が速い人」になることができます。

人間はもともと、狩猟をして生き残ってきましたし、飢餓との戦いを何度も潜り抜けてきました。だからかどうかはわかりませんが、人間は空腹に対して恐怖心を覚えるのです。

私自身も、無意識にそうなっているのか、ただの食いしん坊なだけかもしれませんが、空腹には弱いです。

先ほど「1日1食にすることもある」と述べましたが、特別な日でなければ、甘いものが欲しくなると、やめたらいいのにコンビニに駆け込んだりもします。どうしても夜遅くに夕食をとらなくてはいけないときは、夕食までに何時間もあるのでついつい間食をしてしまいます。

反省しなくてはいけませんね。

ぜひ皆さんも、空腹とうまくつき合うことを心がけてください。

13 仕事が速い人は、食事を減らすことで集中力を持続させる!

14 仕事が速い人は体を鍛え、仕事が遅い人は何もしない。

肉体と仕事は、とにかく大いに関係性があり、肉体の充実が仕事の充実とストレートにつながっていることは、疑いようのない事実です。

人は誰でも年齢を重ねるにつれて、体が衰えていきます。特に30代後半をすぎると、新陳代謝も悪くなり、何もせずに放置しておくと体に脂肪がついてとれなくなって、どんどん太ってしまいます。

太ってしまうとさらに動くのが億劫になり、またさらに太る。そしてさまざまな病気を引き起こしてしまいます。メタボリックシンドロームという言葉もよく耳にしますよね。

そうならないために、**日ごろから少しでも体を動かし、老化を遅らせる努力が必要**です。そうすれば、体も精神も健全となり、やる気がみなぎり、その結果「仕事が速い人」になれるでしょう。

私の周りでも、体を鍛えている人は、たくさんの仕事をこなして活躍している人が多いです。**ほぼ毎日走っている方を何人か知っていますが、例外なく仕事もできる人、というイメージです。**

今「イメージ」と言いましたが、実はこれが結構大事だったりします。

体を大切にし、鍛えている人は痩せて精悍な顔つきをしている人が多くありませんか？ そういった人は「仕事ができそうだな」というイメージを持たれている場合が多いのです。

逆に、体を鍛えたり大切にしたりせず、**太っている人**（もちろん、太っている＝体を大切にしていない、ということがすべてに当てはまるわけではありませんが）**は、実際にはしっかり仕事ができるのに、イメージとして「鈍そうだな、仕事も遅そう」と思われてしまいます。**

イメージは怖いもので、「仕事ができそうだな」と思われれば、いろいろと任されますし、「仕事ができなさそうだな」と思われてしまうと、仕事がこない、といった状況になることもあろうかと思います。

その結果として、「仕事が速い人」はより速く、「仕事が遅い人」はより遅くなってしまうのではないでしょうか。

つまり、仕事を任される人は、やるべきことも多いので、作業を効率的にこなす術を覚え、仕事力が鍛えられるということです。


1年間に50キロのダイエットに成功した岡田斗司夫さんも、その著書『いつまでもデブと思うなよ』（新潮社）の中でこう言っています。

「デブでなくなった途端に、周りからの扱いがあきらかに変わった」

「今までと同じレベルの仕事をしていても、どうも評価がワンランクもツーランクも上がったようだ」

「とにかく、仕事がやりやすい雰囲気になったことだけは確かだ」

「仕事がやりやすくなる」↓「仕事ができる」↓「仕事が速くなる」と言い換えれば、「岡田さんは体を大切にしてダイエットをしたおかげで、仕事が速い人になった」ことは間違いないでしょう。


私自身も油断するとすぐ太ってしまい、ある一定の体重を超えると朝起きるのがしんどくなります。また、集中力を欠くことが多くなったと感じることもありました。

あるとき、意識して自分の体で実験をしてみると、体重による仕事への集中度合の変化が確認できたため、それからは体をほぼ毎日鍛え、体重を標準にキープするとともに、ストレッチなどをして体をいたわるようにしました。そうすると、仕事も確かに充実します。

今、原稿を書いているわけですが、執筆に対する集中度などは、明らかに前と違います。体重を減らして、体を鍛えることで「仕事が速い人」になれた、と感じています。


年齢を重ねることで、体が衰えてくることは避けようのない事実です。

しかし、これまで不摂生をし、体を大事にしていなかった人ほど、まだまだチャンスはあります。あきらめずに、体を大切にして鍛え、「仕事が速い人」になるように頑張っていきましょう。

14 仕事が速い人は、理想体重をキープする!

第3章

考え方・姿勢 編

15 仕事が速い人は明確な目標があり、仕事が遅い人は目標がない。

「目標が、その日その日を支配する」

これは、高校野球で有名な横浜高校の渡辺元智監督が座右の銘にしている言葉です。松坂大輔投手も、この言葉を胸に成長して甲子園で優勝し、プロ野球でも大活躍して、メジャーリーガーにまでなりました。

まさにこの言葉の通り、目標をしっかりと持っている人は、その日その日にやるべきことをきちんと把握しています。その日その日にやることが、将来の大きな目標とつながっていることを知っているからです。

言い方を変えると、目標から逆算するから、その日その日にやることが決まってくる、と言うことができます。その結果として、迷いが少なくなり、仕事を速く進めることができるのです。

大きな目標を持っていると、その目標を達成するためにやるべきことが多くなって、「時間がなくて仕方がない」といったような状況になります。つまり、**無駄なことをする時間がなくなり、目標達成に向けて集中力も高まるため、仕事が速くなる**わけです。

反対に、大きな目標を持っていない人は、やるべきことだけは多いのですが、それはただの雑事であり、目標につながるものではありません。

「目標を達成するために、時間内に終わらせる」というような気持ちもないため、仕事は当然、遅くなってしまうでしょう。

飛行機などと、同じかもしれません。大きな目標である目的地が決まっているからこそ、安全に最短距離で目標に向かって進んでいくことができるわけです。

ここまで言ってきた「目標」は、人生をかけた大きな目標のことですが、それだけではなく、日々小さな目標を持って、それを丹念に、毎日毎日、ひとつひとつ達成していくことも、仕事を速くできるようになる重要な要素です。

例えば、「〇時までに、これとこれをやる」と決めることも、小さな目標を持つということのひとつです。

小さな目標でもひとつひとつ達成していくためには、やることを絞って期限を決め、速くこなしていかなければなりません。このような方法でずっと仕事を続けていくと、無駄が削がれて、仕事にスピード感が生まれます。

これとは反対に、小さな目標も設定しない人は、細かいこともおろそかにして、漫然と仕事をするようになり、その結果としてスピードが遅くなります。

私は以前メーカーに勤めていたのですが、その頃は目標を持たず、やるべきことをただ漫然とこなしていた時期がありました。もちろん、成果が出るはずもありません。

しかし、資格試験の勉強をはじめたころから、**「目標を掲げて、それを達成するための計画を立てて、ひとつひとつこなしていく」**ということを覚えました。それからは、仕事もスムースに、速くできるようになりました。

明確な目標を持って仕事と資格試験にとり組んだおかげで、仕事においても経理で重要な仕事（外部発表資料の作成責任者など）を任せてもらったり、税理士試験にも合格したりすることができて、今に至っています。

明確な目標を持っていなければ、今頃もダメ社員のまま、何も変わっていないでしょう。

将来の目標を持ったときから、私の意識は大幅に変わりました。

「人生は短く、目標を達成するためには、わき見をしている暇はない」と自分に言い聞かせて、仕事を速くこなすためにいろいろな工夫をして、頑張りました。その細かいことを積み重ねていった結果、このような本まで書かせていただけるようになったのです。

自分自身まだまだではありますが、ここまでに至る経緯は、「目標を持っていたこと」が大きかったと思っています。

15 仕事が速い人は、大きな目標と小さな目標を持ち、達成しようと常に努力している！

16 仕事が速い人は未来を見つめ、仕事が遅い人は今を見つめる。

「仕事を速く進めようと思ったら、現在のことだけ考えて、粛々とこなしていけばいいのではないか? 未来のことなんか考える必要はないのではないか?」と思われるかもしれません。実際に、そう思っている人も多いようです。

もちろん、それも一理ありますが、やはり「将来のことを考えて、未来に投資している人」の方が、仕事が断然速いことは明白です。

それはなぜか。**未来に投資していると、ある一時点をすぎたときに加速度的に仕事が効率化されていき、速くできるようになる**からです。

具体的には、同じミスを繰り返さないようにマニュアルやチェックリストを作成したり、同じことを何度もやらなくてもいいようにエクセルやインターネットのツールを有効に使ったりすることです。これらにより仕事を定型化・短縮化することができます。

それから、未来のために勉強をしたり、スキルを高めるなどして、「自分を磨く」ということも仕事を速くするためには必要です。

未来や将来のことを全く考えずに、今できる仕事を、今の方法でずっとやっていくと、頭をあまり使わないため、非常にラクではあります。しかし、それをずっと続けていると、進歩がなく、将来もずっと同じ仕事をやることにつながってしまいます。すると、仕事を速くこなすことなどできず、ずっと「仕事が遅い人」のままかもしれません。

また、15項に述べたことと通じますが、未来を見つめ**将来が決まると、今日やることも自ずと決まってきます。**

「今日やることは、未来からの逆算で決まる」というのは、私がいつも意識していることです。常に未来のことを考え、将来の目標を立てて、いつまでに何をするかということを確認しながら、日々の行動を決めています。

将来の目標を達成するために使える時間は、限られています。

大きい目標を立てれば立てるほど、ひとつひとつの行動にかけることができる時間が少なくなっていきます。日々の時間が足りなくなってくるのです。

だからといって、目標を立てなかったり、達成可能なゆるい目標を掲げたりするだけだと、人生はおもしろくないですよね。

その足りない時間内で何とか、仕事も将来につながることもやっていかなければならない。そのために仕事のやり方を工夫することが大事になります。

私がこの**「逆算思考」**を実際に使うようになったのは、15項でも少し触れましたが、税理士試験を受験する決意を固めたときです。

このとき、「40歳までに税理士としての事業を軌道に乗せる」という目標を決めて、その達成のために勉強の計画を立てました。

勉強の計画とともに大事だったのは、「仕事の計画・目標」です。

専門学校に通い、勉強時間を確保するため何としても定時で仕事を終わらせなければなりませんでした。そのため、これまで慣習で行っていたような重要性のない仕事は削り、重要な仕事は定型化・マニュアル化をしたり、エクセルの関数やマクロを使いこなし、データの加工等の時間をものすごく短縮したりして、仕事を速く進めてきました。

将来へ向けての目標がない人は、**「仕事を速くこなして、未来への投資をするぞ！」**といったような考え方は毛の先ほども持っていないのではないでしょうか。

そういう人が、「仕事が速い人」になるのは難しく、ただ与えられた仕事を、何とかこなすような人になってしまうのだと思います。

人生、それではおもしろくない。将来の目標を立て、未来への投資をしながら、工夫して「仕事が速い人」になれれば、仕事も楽しいし、仕事以外のことも楽しくなってくるはずです。将来に投資することで、将来加速度的に仕事が速くなっていくのです。

みんながそうなればいいのになあ、などといつも考えています。

16 仕事が速い人は、先々のことを考えて仕事をする！

17 仕事が速い人は能動的、仕事が遅い人は受動的。

「指示待ち世代」などという言葉があります。

今の若い人たち（特に、『ゆとり世代』と言われている人たち）を指して言っていることだと思いますが、もっと以前にもそういった言葉が使われていました。私たちの年代もそう言われていたような気がします。特に年配の方などは、「若い人は、言われないと何もしない」という印象を持っている場合も多いのではないかと思います。

私もご多分に漏れず、働きはじめた20代前半は、完全に指示待ち族でした。言われたことしかできませんでしたし、そもそも言われたこと以外をやる方法も全くわからないという状態でした。

入社1年目の新人であれば仕方ないのかもしれませんが、私の場合、入社3年目くらいまでは、上司や先輩に頼り切ってしまい、「次は何をすればいいのか」などということを、その都度聞いていたような気がします。

その当時は会社に行くのが結構つらかったのを覚えています。なぜかというと、もともと文系バリバリ（といっても、実はたいした勉強もしていないのですが……）の私が、半導体や電子回路などの理科系の仕事にどっぷり浸かってしまい、あまり仕事がおもしろくなかったからです。周りを見渡せば、理系出身の、電気の知識が豊富、それに加えて電気大好き、といった「電気マニア」的な人が多かったため、「こんな中でずっと仕事をしていくのはしんどいなあ」と常に思っていました。

それもあって、**「自分で仕事を見つけて、自分から進んで何かをやろう」**などという気概は全くありませんでした。仕事もつまらないので、ダラダラと時間を無駄遣いしながら作業をしていたのです。

従って、仕事がもともと遅いところに、なんとか引き伸ばして時間を経過させるというような働き方をしていたので、完全に「仕事が超遅い人」になっていました。

今考えると情けなく、無為な時間をすごしたな、と思います。

しかし、そんなダメ社員の私にも転機が訪れます。いや、「訪れた」というよりは、本当にダメダメ社員だったので、人生を何とか変えたいと一念発起して税理士の資格をとろうと決めて、簿記や会社の会計などの勉強をはじめることで無理やり転機を作った、というところが本当のところなのかもしれません。

そのあとは、半導体関係の事業部の中にある「事業部室」というところで、事業部の経理をやらせてもらったり、果ては異動の希望を出して、経理部に行かせてもらったりしました。そういった異動の希望には結構応えてくれるいい会社でした。

よくよく考えてみると、私があまりにもダメダメ社員だったから、異動させるのが好都合だったのかもしれませんが（笑）。

経理関係の仕事に就かせてもらった私ですが、それ以降は税理士試験の資格をとるために、学校へ通う時間などを確保したいということもあり、「たくさんの仕事を、いかに効率良くやっていくか」というところにポイントを絞って、仕事にとり組んでいきました。

指示待ちなどはせず、自分で調べたり考えたりして仕事をしていきましたし、無駄だと思える仕事をどんどん削っていきました。慣習でなんとなくこれまでやられてきたような仕事は、実は思い切って削ってしまっても全く影響がないことがほとんどでした。

もちろん、上司からの指示でやっていかなければいけない仕事もありましたが、何とか自分でアレンジして、とりかかる仕事の順番を工夫するなどして、こなしていきました。
その結果、定時に終えられるようになったのです。

本項のタイトル「仕事が速い人は能動的、仕事が遅い人は受動的」という話ですが、実はその仕事が好きか嫌いか、または将来につながるかつながらないかで、「能動的」になるのか「受動的」になるのかが変わってくるのかもしれません
やはり好きな仕事は、みんな一生懸命自分で考えてやろうとします。また、自分の将来につながることも、工夫してやっていくのではないでしょうか。
「好きな仕事をする」ということが、仕事を能動的に行うことができるという意味で、「仕事が速い人」になるコツ、と言えるのかもしれません。

17 仕事が速い人は、積極的に改善や工夫をする！

18 仕事が速い人は自分で時給を決め、仕事が遅い人は会社から時給を決められる。

突然ですがここで質問です。「あなたの時給はいくらですか？」

これに即答できる人は「仕事が速い人」、即答できない人は「仕事が遅い人」、と言えます。

乱暴に結論をまとめてしまうと、「自分の時給を知っている人」は、仕事ごとにかけることができる時間を、よく考えています。「この仕事は、これくらいの時間でやらなければならないから（損するから）、ここまでの完成度で終える」などと、仕事と時間の関係を考えて仕事を進めています。

時間をいくらでもかけていいから、目いっぱいにひとつひとつの仕事をやっていくというスタイルでは、仕事を速く進めることはできません。

「仕事が速い人」は、**ひとつの仕事ごとの量を分析して、それにかけられる時間を算出します。そして、その時間で終わるように計画を立てて、仕事をやっている**はずです。

私は税理士事務所を経営していますが、契約しているお客様ごとに「時間単価＝時給」を計算しています。基準となる時間単価よりも実際の時間単価が少ない場合は、仕事を効率化して改善していったり、必要な部分以外の仕事を削ったりしています。それでも時間単価に達しない場合は、値上げのお願いをすることもあります（実際には値上げは難しく、ほとんどできていませんが……）。


実際に私は、次の方法で時給を計算しています。

まずは、お客様（顧問先）ごとに、仕事にかかった時間を毎月記録していきます。あまり細かくしても仕方がないので、15分単位くらいで記録しています。お客様のところに出向く場合は、往復の時間も入れて記録していきます。

そして最後に、年間でかかった時間（例えば今が9月であれば、前年の9月から今年8月までにかかった時間）を積算してトータルを出します。

1年間にいただいている売上金額を、その時間（年間でかかった時間）で割り、時給額を計算していきます。その金額を毎月確認して、基準としている時給に満たないお客様については、上記にあげたような、何らかの改善をするようにしています。

税理士事務所をはじめてから4年くらいは、この作業を行っていませんでした。自分がお客様ごとにどれくらいの時給で仕事をしているのか、ということを全く把握できていなかったのです。なので、ひとつの仕事に対して満足するまでいくらでも時間をかけますし、難易度が高く時間がかかる仕事について正当な対価をいただいていない、ということもよくありました。

このような管理は、経営者だからできるのではないか、と思われたかもしれません。しかし、会社に勤めている人でも、**自分の時給を決めて、それに沿って仕事をしていく**ことは可能です。給料についてはある程度決められておりコントロールできませんが、時間はコントロールできるはずです。

例えば、会社で働いていて、今年の年収が600万円だとわかったとします。普通に定時で働くとすると、1日8時間、年間240日くらいになるかと思いますので、年間の労働時間は1920時間。600万円÷1920時間＝3125円という計算になります。つまり、この3125円という時給をもとに仕事をしていけばいいわけです。無駄なサービス残業などをすると、時給がどんどん安くなっていきます。

もう一段上を目指すとしたら、「じゃあ、自分は5000円でいくぞ！」などと、勝手に自分の時給を高い水準に持っていっても構いません。

その場合は、5000円なりの仕事をするわけですから、**ひとつひとつの仕事を短い時間で終えて、余った時間はその給与をもっと上げるためのこと、例えば仕事のさらなる効率化とか、自分の価値を上げるための勉強などに使えばいいわけです**（もちろん、許される範囲で、です）。

こういった意味で、自分の時給を決めている人は、「仕事が速い人」と言えるでしょう。

反対に、「時給を決めること」をしない人は、ひとつの仕事にどれくらいの時間をかけていいか全く把握ができていません。ですから、目の前の仕事をこなしていくだけで、効率が悪くなり、結果として「仕事が遅い人」になってしまうのです。

18 仕事が速い人は、無駄な残業をすると時給が下がることを知っている！

19

仕事が速い人は時給で稼ぎ、仕事が遅い人は残業代で稼ぐ。

「仕事が速い人」は、効率や能率がいいと言われますね。

「効率」と「能率」の違いについては、本来の意味とは若干違うかもしれませんが、本書ではどちらも「ある成果を達成するためにかけられた同じエネルギーに対し、どれだけの結果を出せるか」という意味で使います。

「仕事が速い人」と「仕事が遅い人」の間には、本当に決定的な、マリアナ海溝並みの溝が横たわっています。

それは、「能率を考えて仕事をする」考え方と、「時間をいくらかけてもいいから仕事をする」考え方の差とも言えます。「仕事が速い人」は、能率を常に考えながら仕事をします。「能率を考えていかなければ仕事が速くならない」とも言えるでしょう。

ただし、能率を考えて仕事をしているかどうかということよりも、もっと本質的な意識の差が両者の間にはあります。それは、**「なるべく短い時間で仕事を終わらせて、もっとたくさんのことをできるようにする」**という意識と、「決まった時間仕事をするが、仕事の量は考えない」という意識の差です。

要するに、仕事の量（や質）を重視するか、仕事にかける時間を重視するかの差です。後者を「時給仕事」などと呼んでいいかもしれません。

私は以前「時給仕事」をしていました。会社に入ってから5年くらいは、仕事の質というものをあまり意識せず、「この時間だけ仕事すれば給料がもらえるんだろ」くらいの感覚で仕事をしていたのです。

私が所属していたのは、ほとんどの人がいつも忙しくしている部署で、だいたい23時くらいまでは皆働いており、徹夜するような人もいる塩梅《あんばい》でした。

そこにいると時間感覚がマヒしてしまいます。長い時間働けば働くほど残業代も出るため、「それほど急がずに仕事をして、長い時間働こう」と思ったことも、正直言ってありました。

そのようになってしまうと、もう能率などあまり考えません。

しかし、一念発起して税理士試験の勉強をはじめてから、考え方は一変しました。それまで「時間は永遠にある」くらいに思っていたのですが、学校に通うため、決まった仕事を定時内に終わらせなければいけなくなったのです。

でも、今までのやり方が身についてしまっているため、なかなかうまくいきません。非常に苦労しました。

そんなときです。タイミング良く技術的な仕事から経理的な仕事に移らせてもらえることになりました。これを機に仕事の能率を高めて、早く終わらせることできるようになったのです。

ついには、定時で仕事を終わらせて帰るということも可能になりました。

「仕事を能率良く、速く進める」という意識をもって仕事をするのと、「いくら時間をかけてもいい」と思いながら仕事をするのとでは、スピードが全然違います。

「時給仕事」をしている限りは、逆説的かもしれませんが、自分の時給を高くすることは断じてできません。時給が１０００円の人が1万円を稼ごうと思えば、10時間必要になります。その10時間の間は、他に何をすることもできません。

能率を上げて時給を1万円に高めた人は、余った9時間でさらに能率を上げ、時給を高めるために使うことが可能となります。

「時間当たりの稼ぎ」を意識して、どれだけ短い時間で能率を高めて成果を出すか、ということが非常に重要です。

今「時給仕事」に甘んじている人も、ぜひ能率を上げて自分を高め、時給を上げていく努力をしていきましょう。もちろん私も、常にそれを意識して仕事をしています。

19 仕事が速い人は、「短い時間で終わらす」という意識を忘れない!

20 仕事が速い人は人の言うことを聞かず、仕事が遅い人は素直によく聞く。

世の中には、「確固たる自分を持っていて、人に影響されない人」と、「あまり自分に自信がなく、人に影響されやすい人」がいます。

個人個人の資質や性格、考え方にもよるのでしょうが、普通に学校教育を受けてきて、普通の企業に就職し、順調な人生を歩んでいる人の中に、「人に影響されやすい人」が多いように感じます。

私も、「人に影響されやすい人」でした。

いや、今でも結構影響されやすい人間だと思います。うまくいっている人がやっていることは真似したくなりますし、人からのアドバイスをうのみにして、そのまま実行したりしてしまいます。

また、本を読めば、書かれていることが正しいと思ってしまい、影響された行動をとってしまいます。
今では少し自覚を持ち、「自分がどうしたいかが大事」などと、自分を信頼して行動するようにしていますが、まだまだ甘いかもしれません。

では、「人に影響されやすい人」は、仕事を進めていくうえでどのようなマイナス面があるのか、考えていきたいと思います。

まず、どうしても仕事が受け身になってしまうことがあげられます。言われたことをうのみにして、そのまま何も考えずにやってしまうのです。
そのような姿勢で仕事に臨んでいると、**ちょっと状況が変わったときや、方向性が間違っているときなどに、自分自身で対応することが難しくなり、身動きがとれなくなってしまいます。これでは、時間を浪費してしまいます。**

また、確固たる自分の仕事のやり方を持たず、人の仕事を真似することが多く見受けられます。

もちろん、それがすべて悪いとは言い切れず、いい面もあるのですが、「自分に合った仕事のやり方」とか、「自分なりの創意工夫」がなければ、自分を活かすことができません。

反対に、「人に影響されず自分に自信を持っている人」は、受け身にならず、自分からどんどん仕事を進めていきます。

そういう人は、どんな仕事をしていくかをしっかりと自分自身で決め、自分に合った仕事のやり方を模索し、その中でいいものを採用しています。

すると、**自分を活かして最大限のパフォーマンスを発揮することも可能ですし、無駄を省いて、効率良く仕事を進めていくことができます。**

道徳めいた話になってしまうかもしれませんが、やはり自分は自分、他人は他人です。「自分がどうなのか、自分がどうしたいのか」ということを明確にしましょう。

そして、自分を活かすには、どうすればいいかを考えてみるのです。

私も過去、いろんな人に影響されてきました。それが自分にとって、とても役に立ったことありましたが、やってみたら全く合わないこともありました。

そこで、何か行動するときは、必ず自分の意思を確認するようにしたのです。すると、自分の意思を尊重して決めたことが成功しはじめ、次第に自分の行動に自信が持てるようになりました。

仕事においても、自分が信じた道を進んでいくことで、仕事を速く進められるようになり、成果も出せるようになってきています。

これまでのことを振り返っても何もなりません。「これから」が大事なのです。

ぜひ、人に影響されすぎずに、自分を信じ、自分のやり方で生きていってください。それが「仕事が速い人」「仕事の成果を出せる人」になれるコツです。

20 仕事が速い人は、自信を持って仕事に臨む！

21

仕事が速い人は周りと違う行動をし、仕事が遅い人は周りに合わせる。

突然ですが、あなたは会社が休みのとき、例えばお盆や正月などに会社に通い、仕事をしたことがありますか？

私は、それほど休日出勤が好きではないので、あまり経験がないのですが、お盆休みに会社へ行って仕事をした時期がありました。

お盆の時期は、通勤電車がガラガラです。いつもなら、電車内でもみくちゃにされて萎えてしまうこともありましたが、このときは快適な通勤で、仕事を開始するときにも気分はスッキリ、集中できました。

また、電話や会議、会社の同僚から質問されることもないので、仕事がかなり捗ります。結果として、通常の日の倍くらいの仕事をこなすことができた、という感覚がありました。

これは何も、休日出勤や残業、早出などを推奨している、というわけではなく、**「他の人となるべく違う行動をとれ」**ということと言っているのです。

普通の人や「仕事が遅い人」は、何も考えずに、他の人と同じ行動をとります。例えば休日ひとつをとっても、お正月やゴールデンウィーク、お盆などの時期に一斉に休み、混んでいるところに行き、疲れて帰ってきます。休み明けにはまた激混みの通勤電車に乗って会社に通い、仕事の邪魔をするたくさんのものに囲まれながら働きます。

これでは、疲れてしまい、ストレスもたまるため、「仕事が遅い人」になってしまいますよね。

反対に、**「仕事が速い人」は、意識して人と違う行動をとります。なるべく休みをずらしたりして、空いている時期に旅行などに行き、みんなが休んでいるときに集中して仕事にとり組んだりしています。**

このような意識の差が、「仕事が速い人」と「仕事が遅い人」を隔てるポイントになっているのです。

もちろん、会社勤めであれば、人と違う行動をとるのは容易ではないかもしれません。しかし、このような「人と少しずらす」という気持ちを持っていなければ、大勢の人の中から抜け出すことはできません。

自分でしっかりと意識を持ち、なるべく人と違う行動をするように意識する、それだけでも相当変わってくるはずです。早朝出勤する、外回りなら車の移動は渋滞時を避ける、昼食を13時をすぎてからとるなど、いろいろ工夫ができるはずです。

私はこの仕事（税理士業、執筆など）をはじめてから、もうすぐ（２０１５年で）10年になりますが、常に「人と違う行動をしよう」と意識してやってきました。

もともと通勤電車に乗るのが嫌、というのが勤め人を辞めた理由のひとつでもありますので、今でも通勤電車には乗りません。また、長めの休みはハイシーズンに当たらないようにしています。

だからこそ、集中して仕事を速くこなすことができ、そのおかげで時間が生まれているのです。その結果、多くの仕事に恵まれ、それをこなすこともできているのではないかと思います。

私の知る限り、実際に活躍している**「仕事が速い人」は、人が休んでいるときに集中して相当な量・相当な質の仕事をこなしています。**そして平日の人が働いているときに、ゆっくり休んで英気を養っています。

ぜひ、人が休んでいるときに集中して仕事をし、たくさんの人が忙しく動いているときにはゆっくりと休んで、「仕事が速い人」になってください。

有給休暇がとれる人は、休日に頑張り、何でもない平日に南の島でバカンスを楽しんでみてはいかがでしょうか？

21 仕事が速い人は、他の人と競合する時間を避けて行動する！

第4章

スケジュール管理 編

22 仕事が速い人はタスクごとに時間管理をし、仕事が遅い人はタスク管理だけをしている。

仕事を進めていくうえで、「タスク管理」は非常に重要です。「何時何分にこれをやって、その15分後にこれをやって……」というように、あまりにも厳密に決める必要はありませんが、「今日はこれとこれを、どれくらいの時間でやるか」というくらいのタスク管理は、仕事を進めていくうえで大変有効です。

私はタスク管理を、「大きな目標があって、それを達成していくために逆算して細分化されたもの」というイメージでとらえています。つまり目標を達成していくためには、その目標を細かく区切ったタスク管理が必要だと考えています。

たいていのビジネスパーソンは、タスク管理自体（今日、何と何をやるか）は行っていると思いますが、タスクごとにかかる時間まで把握している人は、意外に少ないかもしれません。実はこの「タスクごとの時間管理」が結構重要です。

「今日やること」として、いくつかの項目を紙に書いたり、パソコンやスマホ上のツールなどで管理をするだけでは不十分です。**ひとつひとつのタスクにかける時間を把握できなければ、「今日やること」をいくつできるのかわかりませんし、終わりの時間なども把握することができません。**

「時間が無尽蔵にあるぞ！」という人であれば問題ありませんが、普通そうではないはずです。

だから、「今日やること」は自分が決めた時間内で必ずやり、次の日はまた同じようにこなしていく。そうやっていくことで、期限内に目標が達成できるのです。

タスクごとの時間管理方法ですが、私は、パソコンでエクセルを使って行っています。インターネットで「エクセル　タスク管理」などのキーワードを入れて検索すると、いくつかのタスク管理シートが出てくると思います。そこから自分に合いそうなもの、使いやすそうなものを探して使ってみてください。

さて、タスクごとの時間をキッチリ管理することで得られる利点が2つあります。

ひとつ目は、「その日やるべきこと」を多く設定しすぎてしまい、**その日のうちに終わらないということがなくなることです。**

以前の私がそれでした。やりたいことがたくさんあるのですが、そのやりたいことの時間が把握できていないため、毎日決めたことを絶対に終わらせることができません。そのような日々が続くと、ものすごくストレスがたまってしまいます。

これは、よく考えてみると、自分でストレスの原因を作っていることに他なりません。さすがにそれは馬鹿らしいですよね。だから、タスクごとの時間を把握して、その日に終えることができるように「今日やること」を設定するようになりました。

2つ目は、**終わりの時間を設定できる**ことです。

これが意外に大事です。仕事を終える時間がわからないと、常に深夜まで仕事をしなければならない、といった状態に陥ります。これは健康にも良くないですし、次の日に影響してしまうので、結局仕事の能率が落ちてしまい、「仕事が遅い人」になってしまいます。

終わりの時間が設定できれば、**「自分のために何かをする時間」を確保できる**ようになります。

例えば、「18時以降は読書に専念する」ことを決めたとします。その場合に、やることの時間が把握できていなければ、せっかく確保しようとしている18時以降のゴールデンタイムも、結局はやることが終わらなくて、削られてしまいます。

タスクごとにかかる時間を把握し、それを管理することで、貴重な時間を確保してください。

「仕事が速い人」は、「時間」という概念に対して非常に敏感です。

まずは、自分がやらなければならないタスクの数と、それぞれの作業時間を割り出してみましょう。

22 仕事が速い人は、ひとつのタスクがどのくらいの時間でできるか把握している！

23

仕事が速い人はひとつのことを長くやり、仕事が遅い人はひとつのことを細かく分ける。

この項では、今抱えている複数の仕事を、どのように計画して実行していけばいいかを考えてみたいと思います。

そこで重要になるのが、「ひとつの仕事を実行するのに、どれくらいの時間続けるのか」ということです。

その答えは「なるべくひとつのことを、長めの時間をかけてやった方がいい」です。

ただし、ずっとひとつのことをやっていくのも、結構つらいものです。

ひとつのことを続ける時間は、長くても120分（2時間）が限度ではないかと思います。休憩を入れながらだと、それ以上にできるかもしれませんが、まずは120分を目途にしてください。

「仕事が遅い人」は仕事をいくつか抱えたときに、どれも大事だからといって、それぞれの仕事を1日に少しずつやろうとしてしまいます。

しかし、これはとても非効率です。実際には当初予定した時間では、半分くらいしかこなせません。

例えば2時間でできる仕事があったとすると、それを4日間に分けて、毎日30分ずつやる。こんな感じの計画を立ててしまうことが多い。しかし、そんなときは大体、30分で終わらせるつもりが集中力を欠いてしまい、35分とか40分かかったりします。

さらに、ひとつの仕事が終わったときに安心して、他のこと（何かを読んだり、ネットに走ったり）をしてしまい、次の仕事をはじめるまでに20分かかることなどもあります。

結局、2時間の仕事が結局は（トータルすると）4時間かかるなんてこともザラにあるはずです。

だから基本的には、**ひとつの仕事はある程度長めの時間をとって、続けてやっていく方が効率的**です。単発の仕事で、それが2時間ですむのであれば、1日で終わらせるようにしましょう。

また、「毎日毎日やって、積み重ねていくことに価値がある仕事」についても、たまに時間ができたときは、一気にやってしまってもいいでしょう。

私は本の原稿（この原稿もそうです）を、毎日朝30分から60分程度かけて書き、それを毎朝積み重ねていますが、たまに時間をとって、いつもより長く書くことがあります。そうすると思った以上に原稿が進み、そのあとが楽になるなんてこともあります。

仕事をぶつ切りにして毎日積み重ねるか、ある程度長い時間かけて一気にやってしまうか、というのは、その仕事の種類によっても違いますし、人によっても違います。完全にどちらがいいか、という話でもありませんので、自分がやりやすいやり方で計画を立て、実行してみてください。

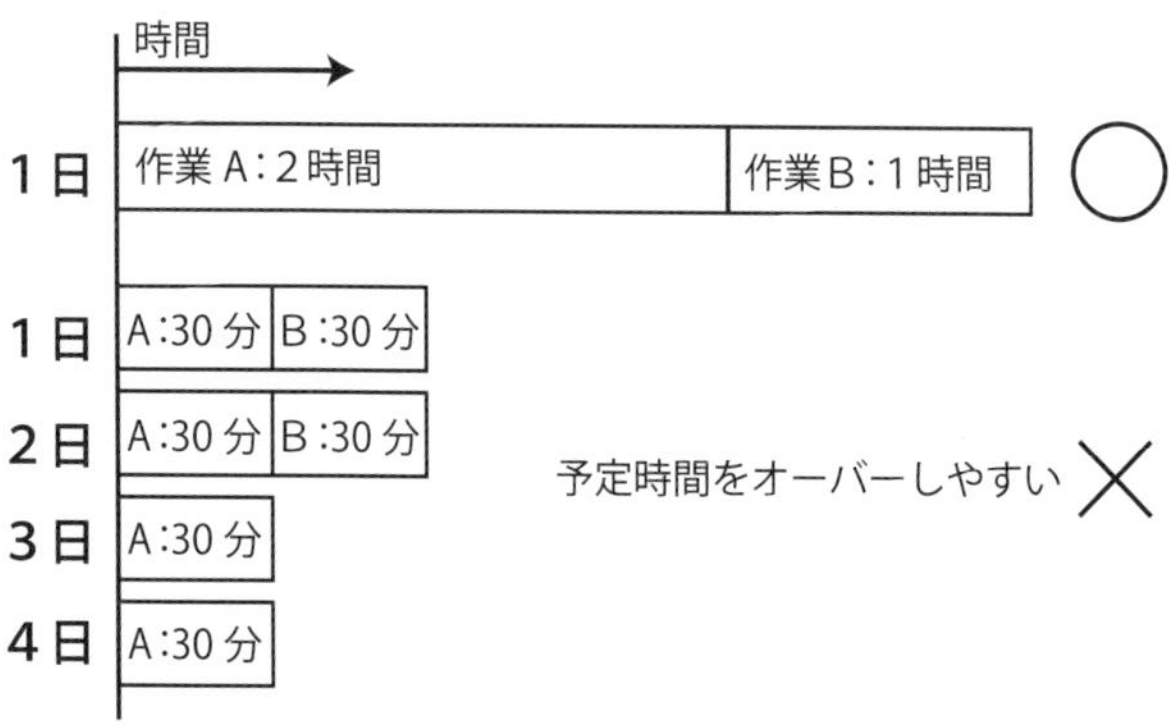

ただ、ある程度はひとつのことを長めに続けた方が、前述したように集中力が違ってくるため、「仕事が速くなる」ことは事実です。

「仕事が速い人」は、それをよく知っていて、1日にたくさんの仕事を詰め込むのではなく、ある程度の時間を確保し、ひとつのことを長めにやっています。

「仕事が遅い人」は、何でもかんでもぶつ切りにしてしまい、短い時間でたくさんのことをやろうとします。その結果として集中力が切れてしまい、結局最終的には時間が多くかかってしまった、ということにもなりがちです。

自分の性格や、その仕事のやりやすさに応じてではありますが、なるべくひとつの仕事に長めの時間をとって、続けてやるようにしてみてください。

23 仕事が速い人は、ひとつのタスクを一気に片づける!

24

仕事が速い人はひとつの仕事に全力を傾け、仕事が遅い人は仕事を並行してやる。

この見出しを見て、「え?」と思われた方は多いのではないかと思います。むしろ、逆なのではないかと。

でも、逆ではありません。「仕事が速い人」は、ひとつの仕事に集中して全力を傾けてとり組みます。

もちろん、ひとつのことに集中していると、例えばパソコンやネットワークのトラブルがあったり、その仕事における待ち時間などがあったりして、時間がかかってしまうことがあります。そういうときに限って並行して他の仕事を進めることは、悪くはないと思います。むしろ、積極的にそうすべきです。

しかし、はじめから2つ以上のことを並行して進めようとすると、だいたい失敗してしまいます。

なぜ失敗してしまうのでしょうか？

２つ以上のことを同時に進めようとすると、どうしても作業を切り替えたり戻したりするときに、「思い出さなければいけないこと」が出てきてしまうからです。「どうすればいいんだっけ？」と考えている時間は、積み重ねるとバカにできません。**他方の仕事に戻ったときの「立ち上がり」に時間がかかってしまうのです。**

ひとつのことに集中して進めていく分には、「立ち上がり」などありません。

私も以前は「同時並行で進める人」でした。

どうしても、仕事を速く処理したい、早く終わらせたいなどと思ってしまい、いくつかの仕事を同時に進めようとしていました。しかし、それをやっていると、どうしてもロスが出てきてしまいます。また、途中で、何をやっているのかがわからなくなってしまうこともありました。

そこで、エクセルを使ったタスク管理のシートを利用して、ひとつひとつの仕事に集中して、なるべく正確に、早く終わらせることを心がけるようにしたのです。

そのエクセルのタスク管理シートですが、ひとつひとつの仕事に対して、開始時刻と終了時刻を入力すると、自動的に作業時間を計算してくれます。

また、仕事の行う順番を修正したときは、並べ替えもマクロで瞬時にしてくれるのです。

さらに2つ以上の仕事を同じ時間帯に記入できないような設定になっています。

これによって、ひとつひとつの作業を丹念に、順番にやっていく習慣がつきました。

タスク管理については、それまでいろいろなツールを試してみました。ただ、やるべきことを紙に書くというやり方もしました。

しかし、そういった方法では、仕事を進める順番まで管理できないので、どうしてもひとつの仕事をやってい

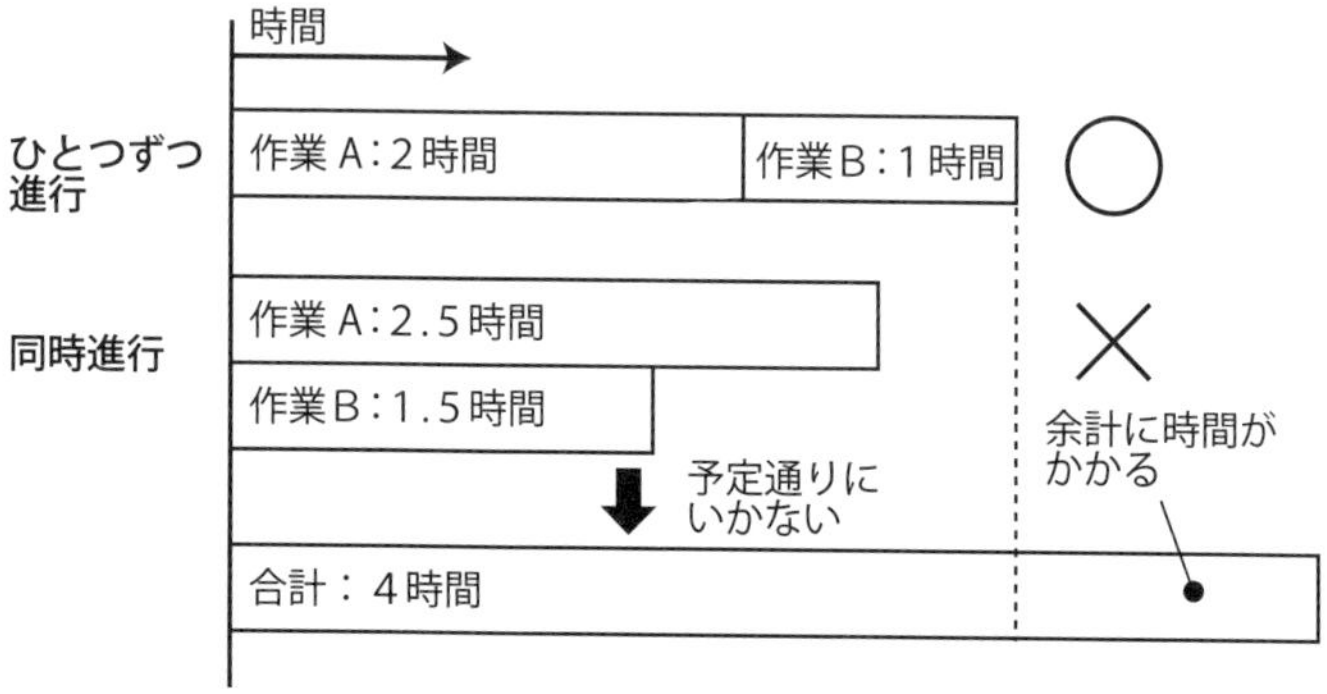

るときに他のことをやりたくなって、同時並行で進めてしまいます。それによって混乱が起こり、結局は時間がかかってしまうのです。

それが今では、ひとつの仕事に専念して、それを丁寧にこなしていくことができています。おかげで仕事が速くなり、さらに正確にできるようになりました。

目標を掲げ、それに到達するためには、たくさんのことをこなしていかなければいけません。しかし、いっぺんにやろうとしても、たいしたことはできません。ですから、**ひとつずつ集中して、丹念にやっていくしかないのです。**

そのつまらないことの積み重ねが、目標に到達するための道であるということを忘れてはいけません。

24 仕事が速い人は、落ち着いてひとつずつタスクをこなしていく！

25

仕事が速い人は「コツコツ」やることもするが、仕事が遅い人は一気にしかやらない。

あなたの前に「仕事」はたくさん存在しているはずです。やらなければならない仕事、やりたい仕事などいろいろと。それらを、どうやって、どのような順番でこなしていくかというのはよく考えなければいけないことです。

すべての仕事を並べて、ひとつずつ時系列にできるところからやっていく方法がいいのか。それとも、毎日少しずつやっていく方法がいいのか。

例えば、6時間かかるAという仕事と、10時間かかるBという仕事があった場合に、A→Bと進めていくのか、毎日AとBを2時間ずつやっていき、Aは3日間、Bは5日間かけて終わらせるのか。このように、仕事をどう進めていくかということは、よく考えなければなりません。

「仕事を進めるスケジュール」については、その対象となる仕事ごとによく考えて、やりやすい方法で決めていく必要があります。

例えば、締め切りが決まっているプロジェクトや、速く進めることが相手のためになるような仕事は、できるところから進めて一気にやっていく方がいいでしょう。また、毎日の積み重ねが重要となってくる仕事とか、1日にそれほど多く進めることのできない仕事については、毎日毎日、例えば30分ずつ行うことで、積み重ねていった方がいいです。スポーツで言うと、技術的に習得しなければいけないことは一気に練習して覚えてしまうのがいいですし、トレーニングをして筋肉を鍛えたり、走ったりすることは毎日毎日積み重ねていった方がいいのと同じことです。

23項でも述べたように、ひとつの仕事は120分間続けた方が効率は良くなります。しかし、**毎日の積み重ねが将来につながるような仕事は、分割したスケジュールを立てましょう。**

それから、毎日少しずつやっている仕事でも、一気にやらなければいけない、もしくはある一定の時期になって一気にやった方がいい、という場合もよくあります。そうなったときは、毎日少しずつやることにこだわりすぎず、一気にやってしまうことも、例外的に必要となります。

私は、本書のような原稿を書く仕事は、それにあたる場合が多いです。

基本的には毎日、朝の30分位でひとつのまとまりの原稿を書き、それを毎日毎日続けています。50項目ある本ですと、毎日続ければ2か月弱で書き終えることができます。

そうやっていったん書き終えたら、あとは見直しと編集、書き足しなどの作業に入りますが、その作業は一気にやってしまいます。

また、毎日積み重ねている原稿がなかなか進まないようなときも、一気にやってしまうことがあります。

一気に原稿を書いたり、編集をしたりするとき、私はたまにですがホテルなどにこもってやることもあります。近くのホテルでもいいので、1泊予約し、チェックインしてからは、他のことは何もせず一気にその原稿を書いてしまいます。

そのため、なるべくチェックインが早くてチェックアウトが遅い（遅くまでいられる）ホテルを探し、定宿にしたりしています。

25 仕事が速い人は、仕事の性質を見極められる!

ちょっと話がそれてしまいましたが、仕事の性格によっては、一気に片づけた方がいい仕事と、毎日積み重ねていった方がいい仕事があります。それを見極めたうえでしっかりとスケジュールを立て、こなすようにしてください。

毎日積み重ねていく仕事は、なるべくそれをやる時間を決めた方がいいでしょう。

例えば朝早く起きて、まずは毎日積み重ねる仕事をどんどんやっていく。一気にやる仕事は、午後の時間を使ってやるなど、自分のやりやすいように、ある程度の時間の枠を決めるのです。

仕事を進めていくうえで、何をいつするかを計画することは、非常に大切なことです。

スケジュールを制し、「仕事が速い人」になってください。

26 仕事が速い人は仕事をする順番を決めず、仕事が遅い人は順番をきっちり決める。

タイトルを見て「それって、逆じゃないの?」と思われる人も多いかと思います。

「仕事が速い人」は、仕事をこなす順番をキッチリ決め、流れるようにこなしていく。反対に「仕事が遅い人」は、仕事の順序を決めず、混乱を起こしている。そんなイメージがあるのではないでしょうか。私もはじめはそのように思っていました。

しかし、実際には、仕事の順番をガチガチに決めてしまわない方が、臨機応変に対応することが可能となり、「仕事が速い人」になれるという事実があります。

その日にやることを決めたら、『必ずその日までに終わらせるべき仕事』をまずやっていく必要はありますが、それ以外の、**『必ずしもその日にやらなくても大丈夫な仕事』は、とりかかりやすいものからどんどんこなしてく方が仕事が早く進みます。**

あらかじめ仕事の順番を決めておくと、その日の体調や気分、気の乗り具合などに左右

恐れ入りますが
50円切手を
お貼り下さい

郵便はがき

112-0005

東京都文京区水道2-11-5

明日香出版社 行

感想を送って頂いた方10名様に
毎月抽選で図書カード（500円）をプレゼント！

ご注文はこちらへ

※別途手数料・送料がかかります。（下記参照）
※お支払いは〈代金引換〉です。（クロネコヤマト）

ご注文 合計金額（税込）	1000円以上	手数料200円
	1000円未満	手数料200円＋送料100円

ご注文書籍名	冊数

弊社WEBサイトからもご意見、
ご感想の書き込みが可能です！

明日香出版社HP http://www.asuka-g.co.jp

愛読者カード　弊社WEBサイトからもご意見、ご感想の書き込みが可能です！

この本のタイトル				月　日頃ご購入
お名前《ふりがな》	性別	男 女	年齢	歳
ご住所　郵便番号（　　　）　電話（　　　） 都道府県				
メールアドレス				

商品を購入する前にどんなことで悩んでいましたか?

何がきっかけでこの商品を知りましたか?

商品を知ってすぐに購入しましたか?しなかったとしたらなぜですか?

何が決め手となってこの商品を購入しましたか?

実際に読んでみていかがでしたか?

ご意見、ご感想をアスカのホームページで公開してもよいですか?
① 名前を出してよい　② イニシャルならよい　③ 出さないでほしい

●その他ご意見

●どんな書籍を出版してほしいですか?

され、どうしても「やりたくないな」などと思ってしまう仕事をしなければならない場合があります。無理にそんな仕事をしてもうまくいかないし、それが後々まで影響してしまい、仕事がうまく進まない、といったこともよくあります。

そういった仕事は許される範囲であと回しにしていきましょう。そして、手をつけやすい仕事からどんどんこなしていく。これに限ります。

私は、エクセルを使ったタスクリストでその日にやるべき仕事を管理していると22項で書きましたが、仕事をする順番をガチガチに決めているわけではありません。

一応、その日にどれくらいの量の仕事をするかどうかを決めなければなりませんので、どの仕事を何時台にやるかということはそのタスクリストに書いてはいますが、それは守らなくてもいいことにしています。ずらっと並んだタスクを見て、そのときにやろう！と思ったものからどんどん手をつけていくことにしているのです。

ただし、決められた時間内でタスクはこなします。

このときに肝心なのは、「この仕事、やりたくないなあ」「どうやって完成させようかな」

などと思う時間をなくしてしまうこと。

そのときの気分に応じて、やりやすい仕事からどんどんこなしていくことで、それを解消することができます。

そのために、手をつける仕事をその場で判断できるようにしています。

「あらかじめ、順番を決めておかない」。これは仕事を進めるときに限ったことではなく、今の世の中では必要な考え方なのではないかと思います。

現状の世界は、はっきり言って何が起こるかわからない世界、予測不能な世界です。イノベーションが起こって、これまでの考え方と180度変えなければならないこともあるでしょう。そんな世の中でうまく生きていくには、何かあったときに自分を簡単に変えることができる臨機応変さが必要となります。

従来のように、ガチガチに凝り固まり、自分を変えようとしない人は、淘汰されていってしまうかもしれません（もちろん、自分の信じた道を突き進む意志は必要だと思っていますが）。

それはちょっと大げさだとしても、この時代に生きていくのであれば、凝り固まらず、ある程度の流動性や柔軟性を持ちながら進んでいくべきでしょう。

スポーツの世界でも同じことです。スポーツの試合では、そのときに置かれた状況を瞬時に把握し、やるべきことを一瞬で決めて、自分を動かし、変えていかなければなりません。

野球の試合においても、例えば守備では、ある程度の打球の行方を想定して準備はしますが、飛んできたボールに応じて、動きやプレーの順番などを変える必要があります。

仕事の順番をガチガチに決めてしまうことは、そのような流れに逆行します。

そのときのその場の状況に応じて、仕事の順番を組み替えていき、どんどん仕事をこなしていきましょう。それが、「仕事が速い人」になるコツではないでしょうか。

26 仕事が速い人は、臨機応変に仕事の進め方を変えていける!

27 仕事が速い人は緊急でない仕事を必ずやり、仕事が遅い人は緊急の仕事を優先する。

あなたにたくさん降りかかってくる仕事や、たまっている仕事、やりたい仕事。これらについて、どのような優先順位をつけてこなしていけばいいか、考えてみましょう。

仕事を重要度と緊急度によって4象限に分けるという考え方があります。これによると仕事は、

1．重要かつ緊急な仕事　　2．重要だが、緊急でない仕事
3．重要でないが、緊急な仕事　　4．重要でも緊急でもない仕事

に分けることができます。皆さんもご存じだと思います。

「緊急なのか、緊急でないのか」を分けるのは、そうむずかしいことではありません。

なぜなら、与えられた期限であるとか、早くやらなければ今後に影響が出てしまうような

ことなどが「緊急である」ということは、誰にとってもわかりやすいからです。

問題なのは、「重要なのか、重要でないのか」を分けることです。

いろいろな考え方があると思いますが、私はこれを分けるときには、将来につながるかどうかということを基準にしています。つまり、**将来を良くするためにする仕事が「重要である」仕事で、それを行っても将来につながらない仕事や、今だけにしか影響を与えない仕事を「重要でない」仕事**と考えています。

簡単な例で言うと、ダイエットのためにウォーキングをするなどといったことは、将来病気を減らすということにつながるはずですので、「重要である」と言うことができるでしょう。

経費の精算などは、将来につながるとは思えないため、「重要でない」と言ってもいいでしょう。

しかしそれは、あくまでも仕事の進め方を決めるにあたっての基準であり、経費の精算が本当に重要でないかと言われれば、そうではないと思います。

さて、もしもあなたの仕事を、上記の4つに完全に分類できたとしたら、どこから手をつけていけばいいでしょうか。

まず、1の「重要かつ緊急な仕事」をやっていくということには異論はないでしょう。重要な仕事で、かつ急がなければならないのですから、これは仕方がありません。しかし、このような仕事は、それほど多く発生することはありません。

次に何をするか？これが、「仕事が速い人」と「遅い人」を分けてしまいます。

2の「重要だが、緊急でない仕事」を、3の「重要でないが、緊急な仕事」より優先してください。私も、実際にそのように心がけることで、ずいぶんと仕事がスムースに速く進むようになりました。

3の「重要でないが、緊急な仕事」というのは、結構多いものです。その大部分が、上司や取引先など、あなたよりも立場の強い人からお願いされる仕事のはずです。

このような仕事は際限なく降ってきますので、卓球のように、「来ては打ち返す、来ては打ち返す」の連続となります。そればかりを気持ち良くこなしていると、将来につながる「重要であるが、緊急でない仕事」が全くできなくなります。将来につながることができないわけですから、いつまで経っても新しいスキルが身につきません。

ぜひ、2の「重要であるが、緊急でない仕事」をやる時間を確保してください。

その時間を確保するためには、「天引き」の考え方が必要です。**「重要であるが、緊急でない仕事」をするための時間をあらかじめ確保してしまう**のです。

例えば、午後1時～3時は、そのような仕事しかやらないなどと決めてしまうのです。

そうしなければ、「重要でない緊急な仕事」に時間を必ず奪われてしまいます。「重要であるが緊急ではない仕事」に時間を確保することで、将来が開けてきます。

人生は一度限りです。自分で考え、自分で選んだ仕事を、自分なりのやり方で楽しくやっていく方が有意義な人生になるのではないでしょうか。

27 仕事が速い人は、「重要だが、緊急でない仕事」を大事にする！

28 仕事が速い人は退社する時間を決め、仕事が遅い人は仕事が終わったら退社する。

「仕事の終わりの時刻を決める」ことは、とてもとても、重要なことです。

その理由としてはいろいろとあげられますが、ひとつ目は仕事の終わりの時刻を決めていないと、どうしても終えるのが遅くなってしまい、次の日にも影響が出てしまう、ということです。

ほとんどの場合、はじめに「これくらいかな?」と想像した時間よりも作業時間は多くかかってしまいます。そのため、その日のうちに全部終わらそうとすると、遅くまで仕事をしなくてはなりません。その結果として、寝る時間が遅くなってしまいます。

そうすると連鎖で次の日に起きる時刻が遅くなる。もしくは、睡眠時間を削るなどして、どうしても集中力がそがれてしまう。それによってどんどん時間が後ろにずれてしまい、「仕事が遅い人」になっていってしまうのです。

「仕事の終わりの時刻を決める」ことができれば、生活習慣が改善され、早く寝て早く

起きるという、「仕事が速い人」になるための条件を満たすことができます。

また、仕事の終わりの時刻を決めておくと、「それまでに必ずやらなければならない！」という意識が働いて、集中して仕事をこなすことができるようになります。反対に、終わりの時刻を決めていない場合、「時間はいくらでもある」というような感覚に陥ってしまい、どうしてもひとつひとつの仕事を「キッチリ終わらせる！」という意識が希薄になってしまうのです。

毎日毎日、「これくらいの時刻までに仕事を終える！」という気持ちを持って、何をやるかということを設定していきましょう。

会社に勤めている人については、定時というものが決まっている場合が多いかと思います（最近は、定時がない会社も増えているようですが……）。まずは、**「定時で仕事を終える」ことを目標として、毎日の仕事を設定するようにしてください。**また、自営業や会社を経営されている人は、もちろん「定時」なんてものはないので、自分で仕事を終わらせる時刻を設定する必要があります。

やろうと思えばいつまでも仕事ができてしまうのですが、終わらせる時刻を決めないで仕事をしていると、いつまでも仕事をすることになります。

私は、税理士事務所などを経営していますが、独立当初は何時まででも仕事をしていました。「時間はいくらでもあるぞ。それが自営業の特権♪」などとたわけたことを考えてしまい、深夜まで仕事をする日々。そのときに、先輩経営者に言われた一言がものすごく印象に残っています。

「深夜にメールがきたけど、ちゃんと寝ているのか。早寝早起きをして仕事をした方がいいぞ。毎日遅くまで仕事をしていると、体を壊すよ。俺の周りでもそうやって体を壊して、仕事ができなくなった人は多いよ。」

それを見た私は戸惑ってしまい、他のたくさんの経営者の方にインタビューをしてみました。私から見て、「活躍しているな」と思えるような経営者の方ばかりに。

そうすると、そのアンケート結果は想像した通り、「早寝早起き」の人が圧倒的に多かったのです。

また、「仕事は何時までしているのですか?」という質問も併せてしてみたのですが、驚くことにほとんどの方が、17時までとか18時までなど、普通の会社と同じような時刻に設定して、仕事を終わらせることを決めていたのです。

私はそれを聞いて「そんなので、大丈夫なのかな？」と正直思ってしまいましたが、それで本当に大丈夫なのです。事実、経営者として十分な実績を出されている方ほど、仕事を終える時刻をちゃんと決めていました。

よくよく考えると、**「仕事が速い人」は、仕事をする時間は有限であることを意識して、その限られた時間内で最大限のパフォーマンスを発揮しています。**反対に、「仕事が遅い人」は、時間に対する切実さというか、そういった意識が希薄です。

時間は有限であることを大いに意識し、しっかりと「仕事を終える時刻」を決めるようにしてください。

28 仕事が速い人は、締め切り時間を作って作業をしている！

29 仕事が速い人は中途半端な時間を好み、仕事が遅い人はちょうどいい時間を好む。

仕事でアポイントなどの日程を決めるときのみならず、プライベートの待ち合わせ時間などを決めたり、社内会議の時間を調整して決めたりするときに、「仕事が速い人」と「遅い人」の差が表れます。

まずは、仕事でのアポイントの決め方について考えてみましょう。

もし素早くアポイントの日時を決めたいのであれば、当然電話をしてみることです。しかし電話ができないときや相手が電話に出ないときは、メールなどでアポイントを決めると思います。

そういったときは、**まずこちらから3つくらいの日時を指定して、その中から選んでもらう**のがいいでしょう。

たまに、ピンポイントで決まった日時を指定し、「この日時は空いていますか？」などというメールをする人がいます。しかしこれだと相手の都合が悪い場合、「じゃあ、この日時で……」などと、メールを何往復もさせてしまいます。これでは効率が悪いですよね。

また、相手に敬意を表しているのか、「ご都合のいい日程を教えてください」とだけメールで連絡をしてくる人がいます。そういった場合は、いくつあげればいいのか、そのメールの主はいつが都合いいのか、などが全くわからずに困ってしまいます。

なるべく素早く、そして相手に手間をかけさせずにアポイントの時間等を決めるようにしましょう。

次にプライベートの待ち合わせ時間などについて。

例えばはじめて会う人と駅で待ち合わせをするような場合、待ち合わせ時刻と場所を決めると思います。

その場合、**待ち合わせ時刻は、10時15分とか18時45分とか、15分刻みで決めるのがいい**でしょう。そうすると、待ち合わせ場所に人が多すぎてわからない、などということを避けることができます。

18時から店を予約しているような場合でも、17時50分に待ち合わせをする。とにかく、

18時などピッタリな時刻を避けることです。ピッタリな時刻を避けることで、相手にその時刻を強く印象づけ、忘れられないようにする効果もあります。

次に、ミーティングなどの時間を設定する場合について考えてみましょう。

社内ミーティングなどで一番大事なことは、「終わりの時刻を決めておくこと」です。ミーティングを設定する人が、そのミーティングではどれくらいの時間がかかるのか、ということをあらかじめ考え、なるべく短い時間を設定することが望ましいです。

また、開始時刻は遅刻者対策のために、待ち合わせのときと同じように、「9時15分」や「13時45分」などから開始、というように、15分刻み、もしくは10分刻みの時刻を設定してください。

例えば9時から、いつもだと大体1時間強かかるようなミーティングがあったとします。もしあなたがそのミーティングのセッティングをする係になったとしたら、こうしてください。

「○月○日　社内ミーティング　9時15分～10時00分」

社内ミーティングなどは、全員がそろわないと開始しないことが多いのではないかと思いますが、遅刻者がいるとそれだけ、時刻通りに来ている人全員の貴重な時間を奪うことになります。それが積もり積もると、その会社の生産性に影響してしまいます。

またこうすることで、無駄に会議が伸びることもなく、出席者全員の生産性を損なうことがなくなり、ひいては会社全体の生産性を上げることに必ずつながります。

いろいろな事情があるのかもしれませんが、多くの人が集まる会議などは、必要のない人が出席していて、それが原因で長くなってしまうようなこともあります。

それを避けるためには、必ず「終了時刻」をしっかりと決めてください。

ミーティングの時間を短くしたとしても、ちゃんと終わります。もし議題が残ってしまうのであれば、それはあとで関係する人だけで議論すればいいのです。

29 仕事が速い人は、待ち合わせでもミーティングでも効率のいい時間を設定する！

第5章

仕事攻略 編

30 仕事が速い人はなかなかとりかからず、仕事が遅い人はすぐにとりかかる。

この見出しを見て、「間違っているのではないか」と思った人も多いと思います。すぐに仕事にとりかかることが、仕事を速く進めるコツだと思っている人も多いかと……。

世間でよく言われているのは、「仕事は、手をつけるまでが一番大変。思い切って手をつけてしまえば、あとは流れるように進んでいく」などといった言葉です。

もちろん、これはある意味、正しいと言えます。面倒な仕事をするとき、着手するのに時間がかかってしまっても、着手してしまえばあとはスムースに仕事が流れる、といったことを経験した人も多いのではないかと思います。

私も、よくそういう経験をしています。

しかし、最終的に仕事を速く、正確に終わらせるためには、「準備」をしっかりしておいた方がいいのではないでしょうか。というよりもむしろ、**仕事にとりかかる前の「準備」が、仕事をスムースに進めるために一番大事**なことです。

仕事にとりかかる前の「準備」には2つのものがあります。

ひとつ目は、仕事に使う道具を用意したり、掃除や整理整頓をしたりして、仕事がやりやすい環境を整えるという「準備」です。

もうひとつは仕事のやり方や順番（手順）を決めて記録しておくというような「準備」です。しかしどちらも、「仕事の段どりを着手する前に用意しておく」ということに変わりありません。

そしてこれをすることが、仕事を進めるためにかなり重要です。

話は少し変わりますが、私はこれまで、さまざまな資格試験を受けてきました。資格試験は、一定時間内に通常ではこなすことができなさそうな膨大な問題をこなし、なるべくたくさんの正解を導き出さなければならないものが多いです。

試験問題をなるべく正確に、速くこなすためには、やはり事前の「準備」がかなり重要でした。もちろん、試験に向けて勉強をするのは当たり前の話です。しかしそれだけではなく試験当日本番でも、「準備」が非常に重要なウェイトを占めます。

その「準備」とは、具体的に言うと、「試験開始直後に、その試験問題全体を見通しておく」ことです。どこにどんな問題があって、その解答用紙はこんな感じで……ということを、問題を解きはじめる前に一通り確認しておくのです。

また、時間配分も事前に決めておかなければなりません。この問題には何分、この問題は何分……というように、試験時間を問題に割り振っていくのです。もちろん見直しなどの時間も必要となります。

当然、試験にとりかかる前に、道具などの「準備」をすることも非常に大切になってきます。これらの「準備」をしっかりとこなしてから、やっと試験問題を解いていくのです。

このような資格試験では、試験官の「はじめてください」のかけ声と同時に、一心不乱に第一問から問題にとりかかる人が結構います。しかしそういう人に限って、難しい問題で引っかかってしまい、時間オーバーになって不合格となってしまうのです。そのような人は、事前の「準備」ができていないと言えます。

試験も仕事も「短い時間で結果を出す」という意味では同じです。

ある仕事をやるときに、とにかくすぐにとりかかることを、一回やめてみましょう。

仕事を速く進めるためには、『順番』が重要な場合があります。また、重要な道具（ツール）や、環境を整える必要があります。

これらを、仕事にとりかかる前に準備することを怠ってはいけません。仕事も試験と同じで、準備や段どりが、その成功のカギになるのです。

「仕事を与えられたら、すぐに手をつけて、とにかくやみくもに進めていく」

あなたの仕事スタイルがこんな感じでしたら、一度そのスタイルを見つめ直してみることをおすすめします。きっと、いい結果が得られるはずです。

30 仕事が速い人は、作業の手順や作業環境をしっかり確認してからはじめる！

31
仕事が速い人はやらない仕事を決め、仕事が遅い人はやることだけを決める。

普通は仕事をする際、「やることリスト」「ＴＯＤＯリスト」などを作って作業にとりかかります。それをつぶしていくのは快感を伴いますし、仕事のやる気にもつながります。皆さんもやっているのではないでしょうか？

私も、タスクリストを毎日作成しています。几帳面すぎる性格が災いしているのかもしれませんが、その管理が結構大変で、わかっていながらも時間をかけすぎてしまったりして、苦労しています。

私の場合は、面倒くさいのですが複数のタスクリストを作っています。まずノートで日程の管理をしています。お客様やプロジェクトごとに、いつどんな仕事をやるかということを見開きで、１か月半くらいの計画を立てています。

また、Google カレンダーのＴＯＤＯリスト機能に、気づいたときにやるべきことを書き込んでいます。

さらに、エクセルのシートで毎日のタスクリストを管理します。前日の夜に、ノートやGoogleカレンダーに書き込まれた『明日やるべきこと』を、エクセルシートに列挙していき、実際に仕事をするときには時間を入力するなどして、かかった時間を管理していきます。

また、メモ用紙に、その日やるべきことのリストを書いている日もあります。

こうやって見てみると、私のタスク管理は異常ですね。そこまでやらなくてもいいのに、習慣化してしまっていて、必要でないこともやっています。自分を律することには役立っていますが、もっとゆるくてもいいのではないかと思います。せっかくここで気づいたので、減らしていこうと思います。

さて、遠回りになってしまいましたが、ここで本当に言いたいこと・大事なことは、「やるべきことリスト」を作ることではありません。ぜひ**「やらないことリスト」を作ってほしい**、ということです。

「やらないことリスト」とは、その名の通り、自分がついついやってしまうことの中で、必要のないことや、それをやめることで大きな時間を生み出すことができることを列挙していくシートです。エクセルなどの表計算シートに、ただひとつひとつ、列挙していけばいいでしょう。

私が列挙していることはたくさんあるのですが、例をあげると、

・ネットサーフィンをしない
・無目的に動画を見ない
・読みたくない本を読まない（流し読みで十分）

などなど、気づいたらついつい時間をかけてしまっていることや、健康やお金の節約につながることを記入しています。先ほどの、過剰なやることリストの管理も、もしかしたら「やらないこと」リストに入れないといけないかもしれませんね。

この「やらないことシート」ですが、運用にあたって、大事なことが2つあります。

・「やらないことシート」に、どんどん項目を追加していくこと

・「やらないことシート」を毎日見返すこと

です。

私は、朝一番、仕事をはじめる前に「やらないことシート」に目を通します。それで、ついついやってしまっているけどやるべきではないことを再確認し、昨日の反省をして、今日はやらないように自分の頭に叩き込んでいます。

この「やらないことシート」で、ずいぶん仕事が捗るようになってきたと実感しています。

繰り返しますが、「やらないことシート」は毎日見返さなければあまり効果がありません。

ぜひ毎日、項目追加と見返すことをやってください。

限られた時間を有効に使うため、「やらないことシート」を活用していきましょう。

31

仕事が速い人は、時間を無駄にする意味のないことをやらないようにする！

32 仕事が速い人は記憶に自信がなく、仕事が遅い人は記憶に自信がある。

突然ですがここで質問です。

普段仕事をしているときや、それ以外のプライベートのときも含め、仕事に関することなどをいろいろと思いつくことがあると思いますが、あなたはその思いついたことをどうしていますか？ それを記録しているか、していないか？ もし記録しているとしたら、どのように記録しているでしょうか？

この「思いついたことを記録する」というのが、「仕事が速い人」になるためにとても重要なことではないかと考えています。

01項で、「モノを減らして、何かを探す時間を減らそう」といったことを書きましたが、それと同じで、**「何かを思い出す」という時間を極力減らすことが、「仕事が速い人」になるためのカギ**なのです。

何かを思い出す時間を減らすためには、「自分の頭の中にしかないもの」をなくす、つまり自分の頭の中でもやもやしているものをどこかに吐き出せばいいのです。

その方法として、何か思いついたことをノートにすべて書き記すことなどがあげられます。

私は、思いついたことをなるべく「何でもノート」に書くようにしています。「何でもノート」は、大きめサイズＡ４のノートで、思いついたことや打合わせ内容、今後の予定とか将来のビジョンなどを何でも適当に書いていくものです。

そして、「何でもノート」に書いたものを、朝や１日の終わりなどに必ず、Google カレンダーのリマインダーか Evernote（エバーノート：ネット上で記録できるノート）に記入するようにしています。

この Google カレンダーのリマインダーと Evernote はどちらも、パソコン（私は事務所と外出用に２台持っています）やスマートフォンで、データを連動（同期）させることができます。従って、どこからでもデータを書き込むことができますし、見ることもできます。

思いついたときに書き出すことで、いつも頭の中がスッキリした状態を保つことができるのです。

このように、**頭の中にあるものを何らかの形でどこかに整理して記録しておけば、何かを思い出す時間が少なくすみ、「仕事が速い人」になることが可能です。**

また、思いついたことをすべて記録しておき、あとでそれを見返すことにより、アイディアがわいてくることもよくあります。

私はブログを毎日書いていますが、ネタがないときには、「何でもノート」やEvernoteを見返して、そこに書かれている言葉をつないでいったり、書かれている言葉から何かを連想したりして、書くネタを見つけることがあります。ブログを書くのにネタがなくてウンウン唸るようなこともなくなりました。

何でも記録しておくことは「仕事が速い人になる」ために役立つのではないかと思います。

これに対して「仕事が遅い人」は、記録がうまくできず、情報を整理するのが苦手な人が多いように思います。そもそも、頭の中のことをどこかに記録する、といった考えを持っていません。もし記録していたとしても、うまく活用することができないのです。

よくあるのが、ノートに書いてあったり、メモ帳に書いてあったり、パソコン内のワードに書いてあったりと、バラバラになっているパターンです。どこに書いたかもわからないことは、すぐに忘れてしまいます。記録していたことを覚えていたとしても、それを探すのに手間がかかっていたら時間の無駄です。

記録は決まった場所にまとめて、キッチリ整理をしておきましょう。そうすれば、すぐ思い出すこともできますし、探す手間もかかりません。「仕事が速い人」に変わっていきます。

細かいことですが、そのような習慣を身につけるように心がけていきましょう。

32

仕事が速い人は、メモをとにかくとる！

33 仕事が速い人はマニュアルに頼り、仕事が遅い人は経験に頼る。

何度も繰り返されるような仕事や、毎年一定の時期だけやるような仕事で大事なのは、「マニュアル」や「チェックリスト」などの資料を用意することです。これらを作成し、うまく使っていけば、仕事が格段に速く、正確になり、ミスを減らすことが可能です。

「マニュアル」とは、仕事を進める手順を書いたもの。これがあれば、迷うことなく仕事を順番通りに進めていくことができます。

「チェックリスト」とは、仕事の完了前に、その仕事の内容をチェックして、抜けや間違いがないかを確認することのできる資料です。

マニュアルとチェックリストを融合して、ひとつの資料にすることも可能です。手順の順番にチェックリストを作っていけばいいのです。

マニュアルやチェックシート作りは、はじめるまでが本当に面倒くさくて、「年に一回だから、今回うまくやればいいや。また来年もうまくやれるだろう」などと思ってしまいがちになるのですが、とんでもないことです。

一度作ってしまうと、あとは半永久的に（メンテナンスも必要ですが）使うことができるのでぜひ作成してください。

特に、1年に一度しかない作業については、その手順を思い出すのが結構大変だったりします。しかし、この**マニュアルとチェックリストがあれば、「思い出す」という作業自体が不要になります。**

そのため、仕事にすぐにとりかかることができますし、手順について悩むようなこともありません。ですから仕事をとても速く進めることができます。

具体的な作り方を説明します。まずはマニュアルの作り方。

まず、何かの作業をする前に、エクセルなどのファイルを開いておきます（もちろん、手書きの紙でもOK）。そして、作業をしながら、その作業においてどんな手順で仕事を進めていくかということを詳細に書いていきます。

書き方は、わかりやすければどんな感じでもいいです。そんなに細かく書く必要はなく、意味がちゃんと理解できて、次に見た人が作業をすることができるような感じであればOKです。

次にチェックリストですが、これも同じようにエクセルファイルを開いておき、仕事完了時にチェックすべきところを列挙していきます。

例えば、「○○と××の数字が一致している」など、仕事を間違いなく完了させるための条件みたいなものを列挙していきます。またそれぞれの行に、チェックができるような四角いマス（□）を描いておきます。

このマニュアルとチェックリストは、自分が作業をするときに有用なだけでなく、スタッフ同士で仕事を引き継いだりする際にも非常に有効なものとなります。

「引継ぎ」という作業は、その、仕事を引き継ぐ人の資質に左右されてしまう場面が多くなります。それだと、質の高い仕事を、何人かの手を渡りながらずっと引き継いでいくことは難しくなります。だから、はじめにマニュアルとチェックリストを作り、誰でも引継ぎができるようにするのです。

私の先輩税理士Y氏は、このマニュアルとチェックリストをフル活用して仕事を進めています。外部スタッフに多くの仕事を外注しているのですが、その際にもY氏が作成したマニュアルとチェックリストを活用して、スタッフにうまく仕事を引き継ぎ、いい仕事をしてもらっています。

マニュアルとチェックリストを使わず、いつも勘とか記憶に頼った仕事をしていると、毎回毎回、思い出すのに時間がかかったり手順を間違えたりして、いい仕事ができません。

また、仕事に時間が余計にかかります。典型的な「仕事が遅い人」ということになります。

はじめは面倒くさいかもしれませんが、ぜひマニュアルとチェックリストを作り、それを活用して、「仕事が速い人」になるようにしてください。

33 仕事が速い人は、将来の効率化を考えて仕事を進める!

34 仕事が速い人は適当にやり、仕事が遅い人は完璧にやる。

皆さんは、**「重要性の原則」**をご存知でしょうか。

私が最初にその言葉を知ったのは、税理士の財務諸表論という科目を勉強したときです。財務諸表論とは、企業が作成する財務諸表（会社の成績表のようなもの）の作り方や、なぜそういった表示の仕方をするのか、などの理論を学ぶ科目なのですが、いろいろな「原則」が出てきます。

その中のひとつ、「重要性の原則」は、「企業の重要性の乏しい取引（金額が少ない場合など）には、簡便的な表示が認められる」、というような原則です。とり立ててすごいことではないのですが、これを知ったときに、財務諸表だけでなくいろいろなことに応用できるな、と思ったものです。

「銀行では、計算が1円でも合わなければ、深夜まで帰ることができない」、というようなことを聞いたことがあるかと思います（真偽はわかりませんが）。

重要性の原則を使えば、「1円にこだわって絶対に計算を合わせる、というのではなくて、大きな影響がなければ、ある程度の細かいことは気にしないでどんどん仕事を進めていこう」、という考え方ができます。


私が今行っている税理士業では、会社の規模等にもよりますが、だいたい1000円以下であれば、少々数字が合っていなくても、どんどん計算を進めていくようにしています。1000円以下であれば、税金の額も変わらないからです。

私は性格的に結構几帳面な方で、数字が合わないと嫌になるときなどもありますが、この重要性の原則を使って仕事をするようになってから、精神的に楽になることができました。そして、細かいことを気にしすぎず、どんどん仕事を進めていけるようになったのです。

もちろん、間違いを放置したまま仕事を進めているなんてことはありませんし、1000円以下の違いが積み重なって最終的にズレが大きくなるようなことがないようにしています。

この重要性の原則は、数字が合う・合わないだけではなく、仕事を進めていく上でいろいろな場面で応用することができます。

例えば本書のような原稿を書くときでもそうです。はじめはある程度ラフとして全体的な文章を書いておき、あとで詳細を直していきます。このような進め方で書いていくと、速く書くことができます。

はじめからキッチリと、誤字脱字や文章の矛盾などがないようにチェックしながら書いていくと、時間がかかって仕方ありません。あとで直せばいいのです。

また、**上司に依頼された仕事なども、完璧を期す必要はありません。**

少々間違いがあったとしても、大筋でちゃんと合っているような仕事ができていれば、問題ないのです。

これに対して、**お客様に提出するような仕事は、完璧に仕上げていく必要があります。**

これらの違い、つまり「重要性の原則」をしっかり理解して仕事を進められる人は「仕事が速い人」と言うことができるでしょう。

すべての仕事に対して同じように力を注いでしまうと、なかなか仕事は捗らないのです。

上司からの命令を（近くにいる人で、評価を直接する人だからという理由で）優先して、お客様からの依頼よりも、上司からの仕事を重視してしまうような人は、「重要性の原則」をわかっていません。

お客様から見れば、「仕事ができない人」「仕事が遅い人」と思われてしまいます。

重要性を判断できるかどうかということは、仕事の巧拙に密接につながっています。重要かどうかに応じて、仕事の濃淡を判断して実行していけるかどうかが、「仕事が速い人」になれるかどうかの境目なのかもしれません。

ぜひ今日から、仕事の重要性について常に考え、判断できるように訓練してください。

34 仕事が速い人は、仕事の重要性を判別できる！

35

仕事が速い人は革新的、仕事が遅い人は保守的。

「前例がない」という言葉があります。

私は会社員時代に、上司に対していろいろな提案をしましたが、この「前例がない」という言葉によって、改善や改革を進めることがなかなかできませんでした。だから、私はこの「前例がない」という言葉が大嫌いです。

「前例がないからこそ、前例を作っていこうではないか」と何度思ったことかわかりません。社会の厳しさや、どうしようもなさを、この言葉によってよく思い知らされたものです。

「前例がない」という言葉と同じように、「これまでこうだったのだから、今後もこうなのが当たり前」などという言葉や考え方も避けたいものです。

今までと同じ方法でいつまでも仕事を進めていたら、進歩がありませんし、仕事を改善して、速く進めることもできなくなるでしょう。これまでの常識、これまでの当たり前をとっ払って、新しい方法を作っていくことが仕事の価値になるのです。

私の例ばかりで恐縮ですが、会社員時代（経理部時代）に、「CD機」という機械へ現金の補てんをする、という仕事をしていたことがあります。CD機とは、従業員が出張に行く際にお金をおろすための機械です。

しかし、このCD機はそれほど使用されておらず、他にATM機もあったため、廃止してもいいのではないかと常々思っていました。

CD機に入れるお金を銀行から運ぶのは、経理部の仕事です。現金（数千万円です！）を会社まで2人で運ぶのですが、公道に出る瞬間もあるため、いつも緊張していました。「いつか強盗に遭うのではないか」などとも思っていましたし、使用頻度も低いため、上司に「廃止してもいいのではないか」と提案しました。しかし、「これまで使ってきたのだから廃止する必要はない」とのつれない返事。

これじゃあだめだと思った私は、もっと上の上司に直談判して、やっと廃止をしてもらうことができました。

結局そのＣＤ機が廃止になっても、誰も文句を言う人はいませんでした。もともと使用頻度が低いのに、これまでやってきたからといって、そのまま放置されていたのです。そして、危ない目に遭う危険性をはらみながら仕事をしている人間がいたのです。

いかにこれまでの当たり前とか前例に縛られている仕事が多いか、ということがこの例からもわかります。

やらなくてもいいことは、あなたの周りにもたくさんあるはずです。それを、これまでやってきたからといって、何の疑いも持たずにやり続けることは、害になります。思い切ってやめてみるとか、大きく変えてみるとか、ちょっと考えてみてください。そして、役立つ範囲内で、一番仕事を速く進められる方法を確立していくのです。

仕事の主役は、上司でも社長でもありません。自分なのです。

自分が主役になって、イニシアティブをとり、仕事のやり方を変えていきましょう。それが、「仕事が速い人」になるためのひとつのコツではないかと思います。

「仕事が遅い人」は、これまでの当たり前をそのまま踏襲して、仕事を進めようとします。

時代が変わってもお構いなし。これまでの常識でしか物事を見ることができないため、新しいものに対応できないのです。

「仕事が速い人」になるため、**これまでの常識や当たり前を疑い、新しい仕事を創造していきましょう。**それは、ただ「仕事が速い人」になれるというだけでなく、新しい価値を世に生み出すための第一歩かもしれません。

これからの時代は、当たり前のことをやっていくだけでは、生き残っていくことができなくなります。ぜひ、革新的になり、新しい仕事を生み出していきましょう。

35 仕事が速い人は、今までのやり方を変えていこうとする！

36

仕事が速い人は「石の目」を意識し、仕事が遅い人は手あたり次第に仕事を行う。

「石の目」という言葉を聞いたことがありますか？

私も最近までよく知らない言葉でしたが、意味を知って「なるほど！」と思ってしまいました。

硬い石をキリのようなもので割ろうと思ったとき、たいていの人は適当にキリを当てて、力任せに割ろうとするはずです。そうすると、石は硬くて、なかなか割れることがありません。

これに対して、石について精通している人は、どこにキリを当てれば割れるかを熟知しており、そのポイントに当てて簡単に割ってしまいます。

石は構成されてる鉱物の配列により、実際に割れやすいポイントや方向があります。これが「石の目」です。

転じて、**物事を成し遂げようとする際には、その物事の重要なポイントを掴み、そこを**

ついていくことが必要、という意味になります。

どんな仕事であっても、この「石の目」を意識して、攻略しやすいポイントを探し出し、実際にそこを重点的に攻めていくことが求められます。「仕事が速い人」は、それができる人です。

例えば、経理の仕事で現金出納帳をつけていて、1年の最後（12月末）に現金残高が実際の金額とずれていたとします。

そのずれが僅少であれば、「重要性の原則」（34項参照）により、現金過不足として処理することも可能です。しかしずれが大きいときは、原因をきちんと探し出さなければなりません。

そのときに、帳簿の上から順番に数字を見ていき、間違いを探していくのが「仕事が遅い人」です。

「仕事が速い人」は、まず期間の半分である6月30日現在でずれているかどうかを見ます。もしずれていたら、またその上半期の半分である3月31日現在でずれているかどうかを見ます。さらにずれていれば2月15日現在、ズレていなければ5月15日現在の残高を確認する、というように半分に分割しながら見ていきます。そうすると、間違いもすぐ見つけることが可能です。

今のはちょっと細かい仕事の例でしたが、もっと大きなプロジェクトなどでも、しっかりと「石の目」を意識して、そこを重点的にやっていくことが求められます。

例えば、本1冊の原稿を書くなどの場合でも、まずは章と項の構成（もくじ）を決めてしまい、その構成に沿ってひとつひとつ原稿を書いていきます。ただし書く順番にはこだわらず、「第5章の2項」の次は「第2章の1項」。その次は「第3章の5項」など、書けるものから書いていき、最後に全部を見直しながら修正します。

このやり方が私にとっては「石の目」で、この方法で原稿を速く書くことが可能になります。

章や項の構成を決めずにダラダラ書いていくやり方を試したこともありますが、項と項のつながりや章と章の関連性がわからなくなってしまい、仕上げるのが非常に遅くなったこともあります。

人によって、どんな方法で仕事を進めていくと効率が良くなるかは異なります。自分なりに意識して、「石の目」を見つけていくことが肝心です。

「石の目」を見つけるのに、時間がかかる場合もあります。しかし、その時間を惜しんでいると、結局は仕事が遅くなってしまうことは間違いありません。

これから仕事をしようとする際は、かならず「石の目」を見つけてから仕事をするように心がけてみましょう。もしかしたら人生が変わるかもしれません。

どんな仕事においても、漫然とこなしていくのではなく、攻略しやすいポイントを見つけて、そこを攻めて進めるのが「仕事が速い人」のやり方です。

36

仕事が速い人は、作業の攻略ポイントを見つけ、要領良くこなす！

37 仕事が速い人はとにかくやり、仕事が遅い人は結果を気にする。

「結果を気にせず、今できる限りの最善を尽くす」。

あるテレビ番組で、元ヤクルトスワローズの古田敦也さんが言っていた言葉です。

例えば野球の試合に出ているとして、1対2で負けている最終回2アウト2、3塁であなたに打席が回ってきたとします。そのとき、あなたは何を考えるでしょうか?

「俺が打ってやる」とか、「打てなかったらどうしよう」などと考える人が大半なのではないかと思います。

でも古田さんは、「そのように考えるやつは、ダメだ」と言います。

大事なのは、「しっかりとボールを見て、バットでボールをしっかりとらえること」。

つまり、そういったしびれる場面においても、**今できる限りの最善を尽くし、やるべきことをやっていく**ことです。「最善の結果」は、ヒットを打つことなのですから、そのために、

「しっかりとボールを見て、バットでボールをしっかりとらえる」のです。

普段の仕事でも同じようなことが言えます。

「このレポートを出したら、上司が何と言ってくるかな」とか、「みんなと意見が違ったらどうしよう」とか、「この仕事次第で、昇格できるかどうかが決まる」など、結果ばかりを気にしてしまう人がいます。しかしそうではなく、「今できることの中で最善のものは何か」ということを考えて、それをやっていくのです。

例えば、営業をやっていて、最善の結果が「契約をとること」なのであれば、「契約がとれるのかな、とれないのかな」と悩むのではなく、契約がとれるために最善のことをやっていくしかないわけです。

その結果、万が一契約がとれなかったとしても、それはそれで仕方ありません。「なぜ契約がとれなかったのか」ということを分析することができて、それが次回以降の反省材料になります。

「こうなったら、どうしよう」とか、「結果が悪かったらまずいな」と思うのではなく、「い

い結果を出すためには、どうすればいいのだろうか?」ということを考えてやっていくのです。

「結果を気にせず、今できる限りの最善を尽くす」ということは、「まずやってみる」ということにも通じます。

結果ばかりを気にしていると、仕事が先に進みません。

はじめは粗くとも、**まずはやってみることが大事**です。少しずつ仕事を進めながら、良くないところは直していきます。はじめから結果を気にして、完璧を期そうとしても、そんなにうまくいかないし、仕事が滞ってしまいます。

「まずは、やってしまう」という考え方が大事なのです。その考え方が「仕事が速い人」になるコツ、と言うこともできるでしょう。

また、なぜ結果を気にしすぎるのが良くないか、ということですが、単純に、結果は「わからない」からです。結果というのはあくまでも結果。何がどう転んで、どうなっていくかなんて、予測することはできません。

37 仕事が速い人は、今できることを精一杯やる!

環境が変わったり、人の気持ちが変わったりすることは日常茶飯事です。そのような小さな動きによって、結果はいかようにも変わります。そんな結果をはじめから想像して、ビビってしまうなんてことは、愚の骨頂です。

そんなことを言っている私ですが、昔は新しい仕事をやろうとするときに躊躇してしまい、無駄な時間を使ってしまったことが何度もありました。

とにかく、結果なんて気にせず、悪いことを想像したりなんかせず、今目の前にある仕事について、「最善は何か」ということだけ考え、その最善につながるものを地道にやっていきましょう。

その結果として悪い方向に向かっても、それはそれで仕方ありません。次回やその次には、いい結果が出るでしょう。

第6章

自己研鑽 編

38 仕事が速い人は「入力」が速く、仕事が遅い人は「入力」が遅い。

今はパソコンやスマートフォンの時代。もちろん手書きなどを全くバカにするわけではありませんが（逆に、とっても大事だと思っています）、これだけコンピュータが発達した世の中においては、「入力にかかる時間」というのは、無視することができなくなっています。これが素早くできるかどうかで、仕事の速い・遅いがある程度決まってしまうという可能性もあります。

「パソコンの入力方法」なんて些細なこと、と感じて軽視する人も多いと思いますが、一度習得してしまうとずっと使えるので、きっちりマスターしましょう。

私は、ＰＣの入力をする際の**「タッチタイピング」**を、以前勤めていた会社の先輩に教えてもらいました。やり方は簡単で、まずは「ホームポジション」を覚えます。

ホームポジションというのは、両手の小指から人差し指を、決まった位置に置くというやり方。キーボードを見てください。『F』と『J』のところにちょっとした突起がついていると思いますが、そこに両手の人差し指を置きます。そして、中指から小指はその外側のキーにひとつずつずらして置いていく型です。

キーボードを打っていると少しずつずれそうになってきますが、常にホームポジションに戻すということを意識していきます。そうすることで、タイピングがとても速く、正確になります。

また、スマートフォンで使っているのは、**「フリック入力」**というやり方です。

従来の携帯電話では、例えば『お』と入力したいときは、『あ』のボタンを5回押していましたが、フリック入力では、『あ』を押したまますぐ下にスライドさせて『お』を入力します。これはマスターするととても速いです。私の長男がスマートフォンを使っているのを見ていると、このフリック入力でやっているのですが、かなり速いスピードで入力しています。

フリック入力は、はじめ違和感があるかもしれませんが、やっていくうちに慣れてきて速くできるようになるはずです。ぜひ覚えましょう。

タッチタイピングもフリック入力も、練習をするためのソフトやアプリが存在します。それを使ってまずは一度覚えてしまい、普段の仕事でも使えばいいでしょう。はじめに覚えるのは面倒くさい作業かもしれませんが、どんなことでも、一度マスターしてしまうことで、あとがラクになります。ぜひ練習しましょう。

余談ですが、私は電卓についても練習を重ねてきましたので、相当速いです。職業柄当たり前なのですが……。

パソコンでも電卓でも、使う場面が多くあるのであれば、集中的に練習して、そのあとは実践を繰り返していきましょう。一度体に覚えさせれば、常に同じように速く打てるようになります（体が衰えてきて、脳からの信号に対する指の反応が遅くなってきたら話は別ですが……）。

「入力」に関して、一番大事なことを最後にお話ししたいと思います。

それは、「どんなに速く打てても、正確に打てなければあまり意味がない」ということです。

速さも大事ですが、正確性はもっと大事です。速く打てても間違ってばかりだと、修正するのに時間がかかり、結局遅くなってしまいます。

皆さんも、漢字や数字を間違えて、せっかく作った報告書を作り直したことはありませんか？配付した資料を回収して、新しいものを配ったことはありませんか？

電卓なども、多くの数字を加算していく場合などは、2回やって同じ答えにならなければ、どちらが正しいのかもわからなくなってしまいます。そういう意味では、1度の入力で正確に入れることが大事なわけです。

ちょっと細かい話なのかもしれませんが、この「入力の速さ、正確さ」は仕事を進めていくうえでとても大事なものです。ぜひ最初に練習をして、マスターしていきましょう。

38 仕事が速い人は、文字入力を速くするための練習をする！

39

仕事が速い人は他力、仕事が遅い人は自力。

「入力のスキル」も重要ですが、ＰＣ自体のスキルも身につけておいた方が、「仕事が速い人」になりやすいでしょう。

仕事をスムースに進めるためには、最低限身につけておいた方がいいＰＣスキルがいくつかあります。何も意識しないでいると、せっかくいいパソコンを持っているのに、仕事で有用に活用できず、もったいない（宝の持ち腐れ）状態になってしまいますので、気をつけましょう。

それでは、どんなパソコンが仕事をするのに適しているのでしょうか。私がおすすめするのは、丈夫で、電源（電池）を長く使うことができ、余計な機能が入っていないものです。私はここ最近ずっとPanasonicの「Let's note」を使っていますが、とても使いやすくて重宝しています。

また、私の友人でパソコンに詳しい人は、Macを使っていることが多いです。

パソコン本体だけでなく、ソフトウエアにも仕事に有用なものがたくさんあります。しかし自分の知識だけだと、とても便利なソフトがあるのにそれ気づくことができません。「効率的に仕事を進めていると思っていたら、実は時間がかかる方法でやっていた」、なんてことも起こり得るでしょう。

そこで私は、**パソコンに詳しくて仕事にうまく利用している人のブログをよくチェックする**ようにしています。いいソフトの情報や利用方法などが詳しく書いてくれているので、よく参考にしています。

紹介されているソフトを実際に使用してみるととても便利で、仕事が速くなります。独りよがりにならず、詳しい人の記事などを見るようにしてください。きっと役に立つはずです。

また、ソフトひとつとっても、その使い方で仕事の速さに差が出てきます。

エクセルにしても、使える関数などの機能がたくさんあるのに、知らないままそれを使っている人がとても多いのではないでしょうか。

それから、Ctrl＋S〈保存〉などの**「ショートカット」を使った入力方法を覚える**とPCの操作が早くなります。これは意外に重要で、知っているかいないかで大きな差になります。ぜひマスターしましょう。

はじめに覚えるのは面倒くさいですが、一度覚えたらほぼ永久的に使えます。ぜひ勉強してください。

パソコンだけでなく、iPhoneやiPadなど、いろいろな機器が出ていますが、それぞれうまく使って、仕事に活かしている人はたくさんいます。そういう人達は、どうすればうまく利用できるかという情報をこれまたブログなどに無料で書いてくれている場合が多いです。それを見て利用しない手はありません。

iPhoneのアプリなんかでも、知らないうちにドンドンいいものが開発されており、試しに使ってみると、『こんなに便利だったのか！』と思うようなことがよくあります。

食わず嫌いにならず、信頼できる友人などから勧められたものは、一度くらいは使ってみればいいのです。

もしかしたら、そのひとつのアプリが、あなたの仕事を劇的に速くしてくれるかも知れません。

パソコンオタクとか、ガジェットオタクになる必要は全くありませんが、「自分はよくわからないから」といって、敬遠する必要もありません。

ぜひ使えるところは使って、うまく利用して「仕事が速い人」になりましょう。

39

仕事が速い人は、他人の知識を上手に活かす!

40 仕事が速い人は文章がうまく、仕事が遅い人は文章が下手。

仕事を進めるにあたって、意外に多いのが「文章を書くこと」です。例えば電話番をしていて、かかってきた電話の内容を上司に伝えることですら、口頭で伝える場合を除いて、何らかの文章を書いて的確に用件を伝える必要があります。そういった意味では、「文章」をうまく書けるかどうかということが、仕事の巧拙や仕事の速さに直接つながっているのは間違いありません。

文章能力を上げるためには、読み書きを圧倒的に増やす必要があります。また、筋力トレーニングと同じで、毎日の積み重ねが大事です。毎日毎日、いろいろなものを読み、さらに書いていく。

Facebook や Twitter などのＳＮＳや、ブログ、メールマガジンなどで、自分の文章を公開していくことも大事でしょう。とにかく、毎日毎日多大な量の読み書きを続けることで、文章能力は自然に上がっていきます。

私は本をすでに10冊ほど書かせていただいていますが、文章能力については、まだまだ未熟で発展途上なところが大いにあります。

従って、文章能力をもっと向上させるために、毎日本を読み、毎日ブログとメールマガジン（平日のみ）を書いて、ＳＮＳでも自分の文章を公開することで、さらに能力を磨こうと頑張っています。

また、文章能力を向上させるためには、「言葉」をたくさん知っているということがカギになるでしょう。

しかし、ただやみくもに「言葉」を多く知っていてもだめで、その場に応じて最適な言葉を紡ぐことが必要になります。比喩などの表現も、訓練して身につけていくべきです。

鮒谷周史さんという実業家がいます。鮒谷さんは3日間で30万円のセミナーを何回も開催されていますが、そのすべてが満席になります。私も２０１２年にそのセミナーに参加しました。

鮒谷さんは、これまで3600日以上（2013年8月現在）毎日毎日、内容の濃いメールマガジンを書いて、文章能力を究極にまで高めてきました。そのおかげで、多くの読者を獲得し（約20万人）、上記のようなセミナーの開催を発表すると、すぐに参加者で埋まってしまうほどです。

鮒谷さんは読書も大好きなことはさることながら、ご自分も多くのセミナーに参加されたり、非常に多くの人（しかも、名だたる実績を出されているような人）と会食を重ねたりすることで、言葉の能力を向上させています。それをメールマガジンという形で毎日発信することで、さらに文章能力がアップされるのです。

このような人とは反対に、文章をうまく書くことができない人、言葉をうまく紡ぐことができない人は、「仕事が遅い人」と言えます。

仕事では、何をするにしても言葉や文章が必要になるからです。

アルバイトの店員であっても、人に何かを文章で伝えたり、接客で言葉を発したりする場面ばかりです。そういう場面で、しっかりと言葉を紡いで相手に伝えられるか、ということが仕事の巧拙、仕事の遅速につながっていくわけです。

文章を書いても、相手に伝わらなければ全く意味がありません。メールの文章などでも、相手に伝わらないと何度も返信したり、書き直したりして、「仕事が遅い人」になってしまいます。

今からでも全然遅くありません（事実私は今からだと思って頑張っています）ので、地道に本を読み、言葉を紡ぎ、文章を書いていきましょう。

そのような当たり前の、**細かいことを地道に毎日続けていくことが、「仕事が速い人」になるためのたったひとつの道です。**

40 仕事が速い人は、毎日読み書きをかかさない！

41 仕事が速い人はお金を使い、仕事が遅い人は倹約する。

「お金で時間を買う」と「時間でお金を買う」。言葉の順番が逆になっただけで、意味は全く違ってきます。私は、この「お金で時間を買う」ということを大切にして、常に心がけるようにしています。

「お金で時間を買う」とは、とり戻すことができない『時間』を増やすために、お金を使うということです。

例えば、目的地に行く際に、電車を2回・3回乗り換えなければならないようなとき、タクシーを使うことです。

それから、知識を自分のものにするために、本を購入することや、学校やセミナーなどにお金を払うこと。これらも、その知識を習得するための時間を短縮させるためにお金を使っているという意味で、「お金で時間を買う」行為と言うことができます。

03項で述べた、処理速度が遅くなったパソコンをずっと使うのではなく、消耗品と割り切って短いサイクルで新しいものを購入するというのも、「お金で時間を買う」という行為です。

逆に、「時間でお金を買う」というのは、例えば１万円を稼ごうと思って、アルバイトをするようなことです。

また、１円でも安い食料品を手に入れようと、１時間かけて自転車を飛ばして遠くのスーパーに行くのも、「お金を時間で買う」行為と言うことができるでしょう。

なぜ、「時間でお金を買う」ことよりも、「お金で時間を買う」ことを優先させるべきなのでしょうか。それは、まとめて言ってしまうと、**時間の方がお金よりも大事なもの**だからです。

第一に、お金と違って、時間はとり戻すことができません。

一度すぎてしまった時間をとり戻すことは不可能です。その一方で、お金は失ったとしても、いつでもとり戻すことが可能です。一人の人間が持つことのできる時間には限りがありますが、お金には限りがありません。

第二に、時間が確保できれば、その時間を「お金を増やすため」に使うことができるということです。

たとえ預金残高が0になったとしても、時間さえあれば、またお金を増やすことも可能です。

「仕事が速い人」は、この「お金で時間を買う」ということをうまく利用しながら仕事をしています。**時間を確保するためなら惜しげもなくお金を使う**のです。

そして確保した時間を使って効率的にお金を稼ぐ方法を考えます。決して、「何時間働いたらいくら」という時給仕事をすることがありません。

その結果としてまたお金が増え、そのお金をまた時間を生み出すことに使い、時間を作っていく。時間があるとアイディアが生まれ、それがより効率的にお金を生み出す。このような循環ができています。

一方、「仕事が遅い人」は、お金が惜しいため、時間を使ってお金を増やそうと（減らすまいと）します。しかし、その行為によって肝心の時間がなくなってしまいますので、お金はそれ以上増えることがありません。

私たちも含めた普通の人は、「お金は汗水たらして稼ぐもの」という感覚を上の世代の人たちから教え込まれてきました。

私も母から、「１０００円稼ぐのは、どれだけ大変か」などの言葉とともに、「時間でお金を買う」という感覚を教えられ続けてきました。その結果として、「時間でお金を買う」ことが当たり前になってしまっています。

でもこれからは、その考え方を１８０度変えて、「お金で時間を買う」ことが当たり前になっていかなければならないと思っています。

「時間でお金で買う」という感覚が染みついている人は、ぜひ「お金で時間を買う」ということを意識してみてください。

41 仕事が速い人は、お金で時間を買い、買った時間でそれ以上のものを稼ぐ！

42 仕事が速い人は時間を投資し、仕事が遅い人は時間を消費する。

唐突ではありますが、資本主義の基本は「投資」です。

「投資」とは、はじめにお金をある投資の対象に対して出し、あとで多くを回収するための行為を言います。

投資をするにあたって、お金をまず差し出すわけですが、ただ差し出すだけではもちろんありません。そのあとに多くの「リターン」を得られるところに、お金を差し出すわけです。投資においては、リターンを考えないものはないと言っていいでしょう（もちろん「リスク」も考慮しなければなりませんが、とりあえずここではリスクについてはおいておきます）。

仕事も、『時間の投資』と考えることができます。

1日24時間と決まっている時間をどこに投資するかを考える、というのは非常に大事なことです。そして、その**時間の投資先を考えるときには、リターンを考慮して考える必要があります。**

今、これからの1時間を何に投資したら、どのようなリターンが返ってくるかということをよく考えるのです。「仕事が速い人」、「仕事がうまくいっている人」はこれをよく考えながら時間を使っています。

では、時間を何に投資していけばいいのか、考えてみましょう。

まず、**将来においてお金や時間を生むことができる仕事に投資していく**ことです。

例えば、今行っている仕事や、経営者の場合は本業に時間を投資します。

そうすることで、今後も安定した収入を見込むことができます。また、時間を投資して、効率化などを図ることで、収入（お金）だけではなく時間を再度生み出すことも可能です。時間を投資して時間を生み出す。時間の再生産と呼びましょう。

そして、今やっている仕事とは別のことにも、時間を投資していきます。

例えば勤めている人であれば、許される範囲での副業や、資格をとるための勉強時間などに投資していきます。

それから経営者であれば、自社の仕事の周辺で、何か新しい仕事を探し、それを作っていく作業に時間を投資していきます。つまり、「新しい収入源」を作るために時間を投資します。

もちろん、本業を強化していくことが今後の収入、今後の時間を生み出すために有効であるのならば、本業に集中して時間の投資を行っていけばいいわけです。


当たり前ではありますが、それを判断するのは自分自身です。だから、**自分自身の強みを活かせるところに時間を投資していくことが有効**となります。

各自で判断して、「この仕事なら、将来収入を多く生み出せる」とか、「これを今やっておけば、将来時間を生み出すことができる」といったものに、投資しましょう。


私の場合は、まず本業である税理士業に多くの時間を投資しています。今後も継続してお客様との関係を築けるようになるための仕事をしています。

そして、それとは別に、将来のことと自分の強みをよく考えたうえで、執筆作業を中心とした創作活動をしています。

将来自分が収入（リターン）を生み出せるとしたら何が有効なのか、ということをよく考えて行動しているわけです。

何も考えずに仕事を進めては、時間の無駄づかいになってしまいます。そこで、いちいち立ち止まって、「さて、私は何をすればいいのだろう」ということを常に確認するようにしています。

「仕事が遅い人」は総じて、将来のリターンなど何も考えず、ただ漫然と仕事をこなしていることが多いのではないかと思います。

人生は、選択の連続です。ぜひ自覚を持って、迷ったら「将来のリターン」を判断材料として、何に時間を投資していくかということをよく考えてもらいたいと思います。

42 仕事が速い人は、将来のリターンを考えて行動する！

43 仕事が速い人は無駄なことをやり、仕事が遅い人は無駄なことをやらない。

このタイトルを見て、「またこいつ、逆のことを言っているな」と思われた方も、もしかしたらいるのではないでしょうか。

でも、逆ではありません。「仕事が速い人」は、一見仕事とは全く関係ない、無駄だと思われるようなことを真剣にやるのです。

「仕事が速い人」は、集中して仕事を終えると、あとの時間で「一見、無駄なこと」をします。例えば、映画を観に行くとか、仕事とは関係のない本を多く読むなど。また、これまでやったことがないスポーツに挑戦したり、伝統芸能などを鑑賞したり、歴史や文化などを学んだりもします。

これは、「多くの趣味を持て」ということを強調しているのではなく、「仕事が速い人」は、これらの「仕事とは関係のないこと」をちゃんと仕事に活かしているというところに着目してもらいたいのです。

上記にあげたような、一見仕事とは直接関係のない、無駄に見えるようなことを「無用の用」と言います。この**「無用の用」を大事にすることで、知識が広がり、人間としての幅が広がり、それが仕事に活かされていきます。**

「仕事が速い人」になるために、世間一般に流布している効率化のメソッドを追い求め、そればかりに体や頭、時間を費やしてしまう人がいます。そうやって効率化の技術を習得することが悪いわけではありません。ただし、それはみんながやっている効率化の方法ですので、他の人と差別化をすることができないのです。

そうではなく、**「無用の用」を大事にして、仕事と関係ないところから、効率化や合理化のメソッドを自分で編み出し**（「自分で」というところが重要です）、**人とは違う効率化や合理化を進めていくことが重要**なのではないでしょうか。

私のお客様や経営者としての先輩を見ても、成果を上げている人は皆、何か「無用の用」を欠かさずに行っているものです。それも、特に好きなこととか自分の趣味にこだわらず、非常に広い範囲でいろいろなことをしています。

「無用の用」を大事にしている人は、常に余裕があるように感じられます。

私なんかは、「いつ仕事をしているのだろう」と思ってしまいますが、それでもキッチリと仕事をして、成果を出し続けています。お会いして話をさせてもらっても、本当にいろいろなことを知っています。


私の知人で、いつも外出しており、いろいろなことを体験している社長さんがいます。海外にしょっちゅう行き、普通の人が体験できないようなことをやってきます。普段の日も観劇に出かけたかと思えば、野球の試合なども観に行ったりしています。

なぜそんな風にアクティブに行動しまくるのか、ということを聞いたことがありますが、そのときに返ってきた答えは、「お客様とか、仕事の関係者と仲良くなるため」。

そのときは「接待なのかな」と思ったのですが、よくよく聞いてみてわかりました。

お客様や仕事関係者にはいろいろな人がおり、それぞれいろいろな趣味を持っていたり、いろいろな考え方をしていたりして、千差万別です。そのような人たちとなるべく多く会話をすることができるように、自分もいろいろなことを実際に体験してみるそうです。

実際そうすることで、会話にも深みが出ると言っていました。多くの体験を重ねることで、人としての幅も広がり、それが仕事の工夫などに活かされ、成果が上がるというわけです。

しかしそれを実行できる社長もすごいなと感心しました。

「無用の用」をやろうとすると、「何をやっているんだ」という周りの眼も気になりますし、時間が足りなかったりします。しかし、無用の用は本当に重要なことだと確信して言うことができます。

「仕事が速い人」になりたいのであれば、ぜひ「無用の用」を大事にしましょう。私も、これからずっと大事にしていこうと思っています。

43 仕事が速い人は、多くの体験から自らを成長させたり、仕事のヒントを得ることができる！

44

仕事が速い人はルーティンワークを作り、仕事が遅い人はルーティンワークを嫌う。

毎日または毎週、もしくは毎月やるべき仕事を「ルーティンワーク」と言います。その「ルーティンワーク」の決め方やこなし方で、「仕事の速い人」と「遅い人」が大きく分かれます。

はじめに決めなければならないのが、「どんな仕事をルーティンワークにするか」ということです。

結論から言ってしまうと、基本は、**「将来の計画や目標につながることで、毎日やった方がいいこと」をルーティンワークとすればいい**でしょう。

まず、将来達成したい大きな目標を立てます。そして、それを達成するために、いつ何をやらなければならないか、ということを考え、計画を立てていくのです。その結果として、毎日やるべきことがピックアップされてきます。

例えば、ある大きなプロジェクトを達成したいときのことを考えてみましょう。プロジェクトを成功させるために、まずはプロジェクトの成就に必要な知識を学ぶ、ということがあるかと思います。そのために、文献を毎日30分、読むことにします。また、プロジェクトメンバーの士気を高めるために、日替わりで毎日メンバーと面談をするのもいいでしょう。

このような「目標につながること」を、毎日やるルーティンワークとしてピックアップしていきます。

極端な例かもしれませんが、プロ野球選手を今から目指すとします。そうすると、毎日のトレーニングや走り込み、素振りなどが「ルーティンワーク」と呼べるでしょう。

ルーティンワークは地道な作業ですが、やれば必ず目標に早く近づくことができます。「ルーティンワークは面倒くさいし、時間がかかるからやりたくない」、このような気持ちでいるとスキルアップができません。なかなか目標が達成できず、「仕事が遅い人」になってしまいます。

さて、ルーティンワークをピックアップできたとして、それをいつ、どのようにこなしていくのがいいのか、という話をしたいと思います。

ルーティンワークは、心身ともに充実している**なるべく朝早い時間に、流れるようにこなしていく**ことが重要です。

私の例で言うと、毎日行うルーティンワークは10項目近くあるわけですが、なるべく朝起たらすぐにやるようにしています。

具体的には、エクセルを使ったタスクリスト（やる仕事の項目と、開始時間、終了時刻、所要時間を入れられるもの）で、ルーティンワークが毎日出てくるようにしています。エクセルのマクロを使い、毎日やるべきことについては、その日のタスクが終わった時点で次の日に自動転記されるようになっています。

私のルーティンワークは、メールマガジンの作成、ブログの作成、お金の計算（会計ソフトに記帳）、メール返信、お客様に対してやらなければならないことの確認などです。

ルーティンワークは、慣れてくるとどんどん速くなってきますので、そのルーティンワークを終えたあとの仕事をする時間を長くとれるようになります。そういった意味でも、朝の能率が上がる時間帯に、集中してルーティンワークを終わらせてしまいましょう。

朝の早いうちに、将来につながっているルーティンワークを終えることができると、とても気持ちがいいものです。その日は一日充実した仕事ができるような気がします。

将来の目標につながるルーティンワークをリストアップして、それをうまく管理し、こなしていってください。そうすることで、あなたの仕事は将来に向けてどんどんブラッシュアップされていくはずです。

44 仕事が速い人は、将来の目標を達成するために ルーティーンワークをする!

第7章

コミュニケーション編

45

仕事が速い人は仕事をどんどん振り、仕事が遅い人は全部自分でやる。

「仕事が速い人」は、付加価値のない仕事はほとんどやりません。

さて、「付加価値」とは何でしょうか。

「付加価値」をインターネットで調べてみると、「生産過程で新たに加えられた価値。一定期間の総生産額から原材料費・燃料費などと減価償却費を差し引いたもので、人件費・利子・利潤の合計になる」と書かれています。

企業の生産に関する用語で少々難しいですが、要するに、「何かを生み出す際に、新しく加えられた価値」のことを言います。その価値があることで、モノが売れます。

これを仕事に置き換えてみると、自分がその仕事をやることで、その仕事に新しい価値を多く加えられるのが「付加価値の高い仕事」で、自分がやっても大した価値を加えられないのが「付加価値の低い仕事」ということになります。
「付加価値の高い仕事」は自分にしかできないもので、「付加価値の低い仕事」は誰でもできるもの、と言い換えることもできます。

そうです。**誰でもできる仕事は、部下などにどんどん振ってしまい、「自分にしかできない仕事」をやるようにしましょう。**そうすることで、付加価値の高い仕事だけをすることができ、会社のため、ひいては社会のために役立つことができるのです。

そして、**付加価値の高い仕事をたくさんやって熟練することで、さらに「仕事が速い人」になる**ことができます。

私が尊敬している先輩の税理士は、「付加価値の低い仕事」をどんどん人に振って、高い実績を上げています。彼は雇用を全くせず、仕事のほとんどを外部の会社に委託しています。

税理士の仕事というのは本当にいろいろと多岐に渡っているのですが、税理士以外ができない「申告書の作成代行」と、「会社の経営の手助けを数字面から行うこと」が「付加価値の高い仕事」と言えます。先輩の税理士は、それらの仕事のみを自社で行い、それ以外はほぼすべて、外部の会社に委託しています。

「それ以外の仕事」とは、例えば会計ソフトへの入力やチェック、郵便物の発送、お客様に送る書類の整理、印刷やコピーなどです。

その結果、彼が自らやらなければならない「お客様からの相談の電話・メール」に対しての対応が、ものすごく速いのです。

私も税理士でありながら、その先輩税理士から仕事を学ぼうと、数年間契約をさせてもらいました（税理士が税理士と契約を結ぶというのは珍しいことだと思います）。そのとき私が相談したことに対する回答の速さは、尋常ではありませんでした。彼は出先にいても、まずは簡単な一次回答をし、あとで時間ができたときに詳しい回答をしてくれます。

「お客様が困ったことに、すぐ答える」ことで、お客様の信頼度が上がり、リピートが増えていきます（税理士業はリピート前提の商売です。お客様の役に立つことで、そのリピートがより強固になります）。

つまり、そのような「付加価値の高い仕事」を徹底して行うために、こまごまとした「付加価値の低い仕事」を、すべて外部にお願いしているのです。

このような例とは逆に、**「仕事が遅い人」は、「自分がやった方が速いから」という理由で、何でもかんでも自分でやろうとします。**

確かに、慣れている人がやれば作業は早く終わります。しかし、それを繰り返すことでさらに雑用がたまってしまい、一向に「付加価値の高い仕事」ができません。そうなれば「仕事が遅い人」のままで一生を終えることになるでしょう。

「仕事を振るのは申し訳ない」と思う気持ちも分かります。しかし、会社や組織単位で考えると、そちらの方が有益なことが多いのです。部下や同僚と上手にコミュニケーションをとって付加価値の高い仕事をできるだけやりましょう。

46

仕事が速い人はあまり気を遣わず、仕事が遅い人はすごく気を遣う。

私たちは、人間社会に生きているので、「人に気を遣う」ことは、非常に大事です。「相手に迷惑がかからないようにすること」や、「相手がやりやすいようにしてあげること」などは、とてもいいことです。私もそれを意識してやっていきたいと常々思っています。最近は、「気遣い」をテーマにしたビジネス書もよく売れているようなので、皆さんも関心が高いことだと思います。

しかし、度がすぎるのはどうでしょうか。仕事においては、人に気を遣いすぎることは決してプラスにはならないのではないかと思います。

とにもかくにも、「仕事が速い人」になるためには、自分が主役となって、自分が決断して、どんどん仕事を進めていくことが大事です。**他人の意見を尊重しすぎて、指示通りにしか動けないようであれば、仕事を速く進めていくことはできません。**

普段の仕事の中で、他人の決断を待ってから進めることも結構多いと思います。しかし、それは本当に自分で決断できないものなのでしょうか。

大体において、私の税理士事務所のお客様を見ても、**「他人に気を遣いすぎず、すこしわがまま」なタイプの人の方が仕事も速く、実績を残しています。**

言い方を変えると、大きな実績を残すような人は、決断力があって、自分が決めたことは絶対にやり通すというような気概を持っています。そのため、仕事に熱中しているときは、他のことを忘れています。

そういった人に税金計算のための資料などを送ってもらうようにお願いしても、なかなか対応いただけなかったりします。税金の支払い期限に間に合わないことは避けなければならないので、期限に近くなると連絡を何度もしますが、なかなか提出してくれなかったりするのです。

もちろん結果を残している人の中にも、気を遣っていただき、キッチリと連絡をしてくれる経営者の方もいらっしゃいます。

私としてはそちらが助かるのですが、どちらかというと連絡がなかなかつかない、あまりこちらに気を遣ってくれない経営者の方が実績を残しているような気がします。

必要以上に人に気を遣いすぎると、相手の決めることを待つ状態が長くなり、どうしても仕事が遅くなってしまいます。かつての私自身もそういった面では、「仕事が遅い人」でした。

税理士事務所を開業した当初も、「このお客様には、どのように対応すれば気持ち良くなってもらえるのだろう」などということばかり、考えていました。結局、時間だけがかかってしまい、それでいて大した成果は出せず、お客様にとっても良かったのかどうかわからない、といった結果になってしまいました。

しかしある時期から、**まず自分の方針ややり方、軸をしっかりと決め、それをお客様にお話しして、納得してもらってから仕事を進めるようにした**のです。もちろんお客様それぞれの事情を勘案して仕事を進めていくのですが、あまりにも気を遣いすぎないように決めました。

そのようにしてから、仕事がどんどん速く進むようになってきて、時間に余裕もできてきました。

お客様の満足度も逆に増加したように感じます。

特に日本で生活を営むにあたっては、相手に気を遣うことは最低限のマナーです。しかし、こと仕事においては、相手に気を遣いすぎて自分の時間を損なってしまうよりは、自分の軸をしっかり持って活動していくことをおすすめします。

そうすることで仕事がスムーズに進み、相手にも役に立つという結果が生み出されると思います。

へりくだるばかりでは、仕事は速く進んでいきません。

46 仕事が速い人は、決断力があり、自ら仕事をどんどんこなしていく！

47 仕事が速い人は心配りをし、仕事が遅い人は相手の機嫌をうかがう。

この世の中に生を受け、一生懸命生きているのは、他でもない、本書を読んでくれているあなたです。まぎれもなく、人生の主役はあなたです。

あなたはあなたの人生を、あなたらしく生きればいいと思います。

しかし、生きていくうえでは、たくさんの人と接していかなければいけないのが事実。その接していく人たちに「慕われる」かどうかは、仕事を進めるうえで非常に重要です。

46項の主張とは逆になってしまいますが、適度な「気遣い」はやはり必要でしょう。

相手から慕われれば、困ったときに助けてもらえたり、協力しながら仕事を進めることができるようになります。つまり「仕事が速い人」になれるわけです。

逆に言うと、相手から嫌われれば、仕事を円滑に進めることができなくなります。つまり「仕事が遅い人」になってしまうのです。

ここで改めて「慕われる」ということについて考えてみましょう。

仕事を上司などから依頼されたときに、何でもかんでも丁寧に、時間をかけてやることがいいことだと思われている人もいると思いますが、もちろんそうではありません。

特に大きな会社では、社内で完結する仕事において、「とにかく丁寧に時間をかけてやる」という傾向が強いように感じます。

例えば、社内で使う営業の統計資料を作成するときに、上司に気に入られたいという一心で、詳細でカラフルな資料を作ってしまう、というようなことです。

一生懸命、いい資料を作ることが悪いとは思いませんが、限度があります。果たして上司は、本当にそこまで望んでいるのでしょうか?本当は簡易的なものを望んでいるのかもしれません。

本来社内的な仕事は、形にこだわる必要もなく、最低限のものであれば十分です。それなのに、上司に見せるがために気を遣いすぎて、時間をかけてしまうような方が多いのです。

上司の機嫌をとることが、慕われることではありません。

仕事ですので、お金をいただいているお客様に対しては、時間をかけて丁寧に作業し、いいものを提供する必要があると思います。しかし社内の上司に対しては、最低限のもので構わないのです。

それを「気遣い」と称して、上司の顔色をうかがってしまうのです。

そのため、特に大きな会社、大きな組織においては無駄が多く発生しているのではないでしょうか。

『社長は会社を「大きく」するな』（ダイヤモンド社）という著書の中で、税理士の立場から、日本の大企業の問題点を書きました。その一つが「大きな会社では、内向きのパワーを多く使ってしまうため、儲けが小さくなる」ということです。

社内で完結する仕事に手をかけすぎたり、会議や社内調整に時間をかけすぎてしまうと、営業活動などの外向きの力を使うことができず、1人あたりの儲けが少なくなってしまいます。

ある程度の社内の仕事はもちろん必要ですが、それにこだわりすぎないようにして、外向きのパワーを発揮していくようにしましょう。

いずれにせよ、仕事も人と人とのつき合いで生まれるものですので、相手を気遣って仕事を進めることは不可欠です。そうすることで「仕事が速い人」になってもらえればと思います。

47 仕事が速い人は、媚びへつらわない！

48 仕事が速い人はレスポンスが速く、仕事が遅い人は反応が遅い。

45項に書いたように、私は税理士でありながら、先輩税理士と数年間契約を結んでいました。その仕事ぶりからいろいろなことを学ばせてもらうためです。

その先輩から学んだ一番大きなものは、「レスポンスが異常に速いことが、相手の役に立つ」ということでした。

その税理士に相談のメールをすると、すぐに返信が返ってきます。また、メールよりも電話で連絡した方がわかりやすかったりする場合には、すぐに電話がかかってきます。

お客様の立場としては、困っていることがあり、すぐに解決したいことが多いはずです。それに対してすぐに回答が返ってくるのは、大きな安心を感じるものです。

実際私もお客様の立場になってみて、よくわかりました。

そのような対応がすぐできる人は「仕事が速い人」と言えます。

せっかくなので、メールへの対応について、ここで考えてみましょう。

まず、メールを読んだらどうしますか?

普通は、そのまま受信トレイに置いておき、あとでまとまった時間ができたときに返事をすると思います。これが「メールがたまってしまう」元凶です。

ではどうすればいいか?

メールを読んだときに「いつ返信するの?」と自分に問いかけます。すると返ってくる答えは「今でしょ!」。テニスや卓球の球を即座に返すように、読んだ瞬間に返信するのが一番いい方法です。

そして、返信したものは、受信トレイから移動して、見えないようにします。受信トレイにメールがたまっているとストレスもたまるからです。受信トレイを空にしておくと気持ちがスッキリし、仕事も進みやすくなります。たくさんメールがあると気持ちもよどんできてしまうのです。


少々細かい話になってしまうかもしれませんが、私はGmailというメールソフト(Googleのメールサービス)を使っています。

私の場合、メール対応の時間を1日に2～3回作り、そこで一気に読んで、すぐに返信するようにしています。本当はメールを待ち構えておいて、メールが届いたらすぐに読んで返信するのがいいかもしれません。しかし、それだと他の仕事に集中できない場合もあり、なるべくまとめて返信するようにしています。

Gmailにはアーカイブという機能があり、アーカイブをしたメールは受信トレイから見えなくなります（しかしデータとしては残っていて、検索すれば出てきます）。私は受信したメールに対応したあとは、アーカイブを必ずします。

受信トレイで何も見えなくなるのがプチ目標で、それを達成すべく頑張っています。このようにすることで、メールへの返信の時間をかなり短縮することができました。

やはり、**「読んだらすぐ返信」というのが、仕事を円滑に進めるためにも一番いい方法です。**その結果として、相手から見ると「レスポンスが速くて、仕事が速い人」と受けとってもらえるようになります。

逆に、レスポンスが遅い人は、やはり「仕事も遅い人」という評価を受けがちです。

人間というのは勝手なもので、自分の反応は遅いクセに、相手に何か聞きたいときは、即座の反応を期待してしまいます。私もときにはそうだったりします。そういう人間の特性を考えて、レスポンスはなるべく早くした方がいいでしょう。

個人的には、相手のペースに合わせるよりも、能動的に自分がやりたいことを進めたいと思っています。しかし、仕事をして生きていくためには、ある程度すぐにレスポンスを返すことは必要なのではないかと思います。

相手の立場に立って、なるべく速くレスポンスを返すことを心がけ、「仕事が速い人」になってください。

48 仕事が速い人は、すぐにメールを返信し信頼を勝ちとる!

49 仕事が速い人は仕事を断り、仕事が遅い人は仕事を引き受ける。

「きた球を打ち返す」卓球のような仕事も必要ですが、「きた球を見極めて、いい球だけを打ち返す」ことも、ときには必要です。野球のバッターも、きた球にすべて手を出していたら、打率は異常に低くなるでしょう。

イチロー選手のように、きた球を素早く見極めて、いい球にだけ手を出すことが、いいバッターの条件です。

仕事にも同じことが言えます。**与えられた仕事すべてに反応して、すべてをこなそうと頑張れば頑張るほど無理が生じてしまい、いい仕事ができなくなります。**

そこで、能動的に自分でいい仕事を選んでいくとともに、その選んだ仕事に全力を尽くして、結果を出すことが求められます。そして、能動的に仕事を選ぶためには、「仕事を断る」ことが必要になります。

「仕事が速い人」は、この仕事を断るという術に長けているのではないでしょうか。

私の話で恐縮ですが、本業の税理士業では本当にいろいろな仕事のオファーがあります。この業界には、税理士や会計事務所に仕事を紹介したりあっせんしたりして、その紹介料をもらうというビジネスがあります。そのような会社からのＦＡＸやメールなどによる広告はすさまじいものがあります。なぜなら儲かるからです。

私も開業当初は、とにかく仕事が欲しかったので、そのような会社に登録をして、紹介を受けていました。しかし、正直なところそういった企業から紹介されたお客様の質はあまり良くありません。お金を払ってくれなかったり、資料を全くいただけないなどということが多くて苦労しました。

当時は何でもかんでも仕事を受けるという感覚でやっていたので、仕事の質も低く、時間がかかり、完全に「仕事が遅い人」になっていました。

また、執筆とかセミナーをやりませんか？などというオファーもしょっちゅうきますが、玉石混交なので、しっかりと担当者にお話を聞いてから見極めるようにしています（実際はほとんど断っているような状況ですが……)。

そうすることで、やりたい仕事だけをすることができます。

そのやりたい仕事は、自分が選んだ仕事ですので、責任を持ってしっかりと集中してやるという意識が働きます。そのため、しっかりと仕事をすることができ、仕上がりも早くて質が高いように感じます。


たまに、自分が受けたくない仕事であっても、お世話になっている人からの紹介だったりして、なんとなく受けてしまう場合があります。

そのような場合もやはり、仕事の質もたいしたことがなく、自分が「これ!」と決めて選んだ仕事よりは質は低くなります。やる気もなかなか起こらないため、時間もかかってしまうように感じます。

そのような仕事をするときは完全に「仕事が遅い人」に成り下がってしまいます。

そうならないよう、**日頃から飛んでくる情報に対して厳しい選別の眼を持っておき、自分がやりたい仕事を能動的に選ぶ**ようにします。

私の話ばかりで大変恐縮でしたが、あなたも同じだと思います。

仕事をしていると、いろいろな依頼があると思います。それをどのように受けているか、その姿勢が「仕事が速い人」と「仕事が遅い人」とを隔てる分水嶺になるような気がします。

「やってください」と言われた仕事を、何でもかんでも受けて、気が乗らないままやっていくことと、自分からやりたい仕事を先に探してそれを「やらせてください」とお願いしてやっていくこと。その違いは本当に大きなものではないかと思います。気が乗らない仕事は勇気を持って断ることも必要です。


毎日毎日着実に、地味にでもしっかりと仕事をこなしていると、多くのボールが投げられてきます。そのすべての球を簡単に打ち返していくのか、それともいい球を見極めて、最後までひきつけて、丁寧に打っていくのか、その違いは大きいです。

ぜひ実力をつけて、「仕事が断れる人＝仕事が速い人」になってもらいたいと思います。

49

仕事が速い人は、やっていい仕事とやってはいけない仕事の選別ができる!

50

仕事が速い人は自分自身を気にし、仕事が遅い人は他人の眼を気にする。

仕事をしているとどうしても他人の眼を気にしてしまいます。

「自分はこの仕事において認められているのか」

「人に迷惑をかけてはいないか」

などなど。


しかし、**他人の眼ばかり考えていると、身動きがとれなくなってしまいます。**やはり、「人生の主役は自分である」という気概を持って、自分中心に考え、自分を持って生きていくべきです。

まず考えるべきなのは、「自分が何をしたいか」「自分がどうなりたいか」ということです。それを軸に持って、仕事を選び、仕事をやっていかなければなりません。

そして、そのうえで、周りにいる人や、仕事でかかわりのある人、それから他人に対しても敬意を払いながら仕事をやっていくという順番でいいのではないかと思います。

インターネットやソーシャルネットワークで、みんながつながることのできる時代になりました。

そんな時代にネットを見ていて、違和感を覚えることも少なくありません。私が気になるのは、「他者批判」の多さです。

自分と意見の違う人を攻撃したり、切り捨てたり。特に Twitter などでは、匿名で書いている人が、本名を出して意見を述べている人に対して汚い言葉を浴びせかけるような場面もよく見られて、悲しくなってしまうことがあります。

こういった現象は、**「他人の眼を気にするあまり、自分と違う意見を持つ人に対してイライラしてしまう」**というようなことが原因なのかもしれません。

自分の考え方、自分の意見を持ち、それに自信を持っていれば、他人の眼はあまり気にならなくなります。だからといって、傍若無人に自分のことばかり主張するのは論外です。

他人の意見も、「そういう考えなんだ」と受け入れるようにしましょう。

私はまだ、たいしたメディアを持っていません（ブログを読んでくれる人も、Twitterのフォロワー数も多くありません）が、そのようなメディアで発言するときや、出版物の原稿を書くときなどは、人の批判をせず、とにかく前向きな意見を言うように心がけています。

人間は、何だかんだ言いながら、人の悪口や陰口を言ったり、そういったことが行われている場面を見たり聞いたりするのが好きです。私も、もちろん同じです。

だから、思い切ったことを言って誰かを批判したり、攻撃したりすると注目を浴びます。反対に平和主義だとあまり注目を浴びず、相手にしてくれる人もあまり増えません。

他者批判をして攻撃的になればもっと注目度が上がるのかもしれませんが、私はそうはしたくないと思っています。人間として、人を攻撃してばかりというのは道徳的に許されませんし、そもそもそんなことをしてもおもしろくありません。

だから、大して読者がいなくても、前向きな意見をこれからもずっと言っていこうと考えています。

「仕事が速い人」という話から、最後にしてちょっとずれてしまいましたが、何だかんだ言っても、人生の主役は自分自身です。自分のことは自分にしかわかりません。

本書を読んでくれている皆さんも、ぜひ自分という軸をしっかりと持ち、そして何をやっていくかをしっかり決め、人に影響されたり、惑わされたりしすぎないようにしてください。

何度も言いますが、人生の主役は自分自身です。みんながつながるネットワークの時代だからこそ、その考え方が重要です。自分を持ち、自分を見失うことなく、着実に自分の人生を歩んでいきましょう。

50 仕事が速い人は、自分軸をしっかり持っている！

おわりに

「仕事が速い人」になるためのメソッドを、すべて紹介してきました。私が自分で考えたり、いろいろな人の意見などを参考にしたりして、実際にやってきたことばかりですので、容易に実行できると思います。


しかし、このような本を「読むだけ」で終わってしまう人がほとんどです。

私も昔はそうでした。本を多く読むことは読むのですが、それで終わってしまい実行に移すことがありませんでした。

それでは意味がありません。時間の無駄です。


そこで私は、本の中で役に立ちそうな部分に付箋をつけ、読了後はノートに、「やることリスト」として書き込む習慣を身につけました。

その結果、事業がうまくいきだし、ビジネス書を10冊以上も出せるようになれたのです。

本を読むだけでしたら、このようにはなっていなかったと確信できます。

あなたもぜひ、本書の中から、使えそうなところをピックアップして、実行してください。その作業を地道に繰り返し続けることで、必ずあなたは変わることができます。

人生は、「やるか、やらないか」で決まってしまいます。

何かを実現させたい、好きなことをしたい、稼ぎたい、などと思っても、実際にやらなければ、そのような願いは一つもかなうことはありません。逆に、そのような願いを頭に入れつつ、実際にやっていった人のみが、その願いを実現させることができるのです。

本書は、『何かをやろうと思っている人が、その「やりたいこと」を実現できるようにサポートしたい！』という思いを込めて作りました。

どうかその思いを汲みとっていただき、「やる」人になっていただければと思います。

最後になりましたが、本書の発行にかかわっていただいたすべての人にお礼を申し上げます。

中でも、私に声をかけてくださり、なかなか筆の進まない私を温かく見守り、編集作業にも非常に力を入れてくださった明日香出版社の久松さん、本当にありがとうございました。

また、文中に登場してくださった（勝手に登場させてしまった）、私にヒントをいつもくださる税理士仲間のYさん、Kさん、Iさん、本当にありがとうございます。

これにて、筆をおかせていただきます。最後までお読みいただきまして、どうもありがとうございました！

山本　憲明

■著者略歴
山本　憲明（やまもと　のりあき）
税理士、中小企業診断士、気象予報士。
山本憲明税理士事務所代表。
H＆Cビジネス株式会社代表取締役。

1970年兵庫県生まれ。1994年早稲田大学政経学部卒。

大学卒業後、横河電機株式会社で、半導体試験装置の営業・エンジニアと経理を経験。

働きながら税理士試験や気象予報士試験を受験し、短期間で合格。

10年半の会社員生活ののち、2005年1月、山本憲明税理士事務所を設立。

開業1年目から順調に売り上げを伸ばしていたが、将来の税理士業界や経営の在り方に疑問を感じ、最小限の人数での効率的な経営に方向転換。

現在では、少人数で効率的な経営を行いたい経営者をサポートし、その経営者がお金、時間、（家族など）人との関係の全てにバランスが取れた楽しい経営が実現できるよう、実践と勉強に励んでいる。

また、「仕事を速くする」技術を発揮し、本業のかたわら、馬主業や少年野球コーチなども行っている。

「お客様の立場に立って考え、難しい言葉は使わない」が信条。

●主な著書
『朝1時間勉強法』『朝1時間シートで人生を変える法』（中経出版）、『使える時間が倍増する！時間管理の鉄則』（マガジンハウス）、『社長は会社を「大きく」するな！』（ダイヤモンド社）など。

本書の内容に関するお問い合わせ
明日香出版社　編集部
☎(03) 5395-7651

「仕事《しごと》が速《はや》い人《ひと》」と「仕事《しごと》が遅《おそ》い人《ひと》」の習慣《しゅうかん》

2013年　10月　19日　初版発行
2014年　1月　24日　第55刷発行

著　者　山《やま》本《もと》憲《のり》明《あき》
発行者　石野栄一

明日香出版社
〒112-0005 東京都文京区水道 2-11-5
電話 (03) 5395-7650（代表）
(03) 5395-7654（FAX）
郵便振替 00150-6-183481
http://www.asuka-g.co.jp

■スタッフ■　編集　早川朋子／久松圭祐／藤田知子／古川創一／余田志保
営業　小林勝／奥本達哉／浜田充弘／渡辺久夫／平戸基之／野口優／横尾一樹／田中裕也／関山美保子　総務経理　藤本さやか

印刷　株式会社文昇堂
製本　根本製本株式会社
ISBN 978-4-7569-1649-5 C2036

編集担当　久松圭祐

ISBN978-4-7569-1519-1

「稼げる営業マン」と「ダメ営業マン」の習慣

菊原　智明

B6判　240頁　本体1400円＋税

7年もの間クビ寸前の苦しい営業マン時代を過ごし、その後トップ営業マンとなった著者が説く営業のやりかた。

稼げる営業マンとダメ営業マンは根本的な能力はあまり変わらない。それなのになぜ、成績に差がつくのか。それはちょっとした習慣の違いにあった。

できる営業マンの習慣とできない営業マンの習慣を対比することによって、気づきとテクニックを与える。

ISBN978-4-7569-1590-0

「売れる販売員」と「ダメ販売員」の習慣

内藤　加奈子

B6判　240頁　本体1400円＋税

仕事を一生懸命しているが、なんとなくうまくいかない人がいる。でもうまくいかない原因がよくわからない。そこで、「できる販売員」の仕事のとり組み方、考え方、やり方と「できない販売員」のそれらを比較することで、自分に何が足りないのかが理解できる。

ISBN978-4-7569-1583-2

いつもぎりぎりアウトの人が 身につけるべき　遅れない技術

石谷　慎悟

B6判　200頁　本体1400円＋税

「仕事の納期に遅れる」「待ち合わせに遅れる」「他の人より仕事が遅れる」「質問やトラブルへの対応が遅れる」など、いつもなぜだか遅れてしまう人が、必ず間に合うようになる方法を説いた。

段取りの悪さ、自分の思い込み、物忘れ、連絡ミスなど、物事がスムーズに進まないのには必ず原因がある。そのような遅れる原因を発見し、それぞれの対応策を身につけることで、安心して仕事を任せられる人になる。